奥妙科普系列丛书

DISCOVERY

让青少年着迷的科普书
彩图珍藏版

中外考古大揭秘

杨春 编著

吉林出版集团股份有限公司 · 全国百佳图书出版单位

图书在版编目(CIP)数据

中外考古大揭秘/杨春编著．--长春：吉林出版集团股份有限公司，2013.12（2021.12重印）
（奥妙科普系列丛书）
ISBN 978-7-5534-3923-5

Ⅰ．①中… Ⅱ．①杨… Ⅲ．①考古—世界—青年读物 ②考古—世界—少年读物 Ⅳ．① K86-49
中国版本图书馆 CIP 数据核字 (2013) 第 317286 号

ZHONGWAI KAOGU DA JIEMI
中 外 考 古 大 揭 秘

编　　著：	杨　春
责任编辑：	孙　婷
封面设计：	晴晨工作室
版式设计：	晴晨工作室
出　　版：	吉林出版集团股份有限公司
发　　行：	吉林出版集团青少年书刊发行有限公司
地　　址：	长春市福祉大路 5788 号
邮政编码：	130021
电　　话：	0431-81629800
印　　刷：	永清县晔盛亚胶印有限公司
版　　次：	2014 年 3 月第 1 版
印　　次：	2021 年 12 月第 5 次印刷
开　　本：	710mm×1000mm　1/16
印　　张：	12
字　　数：	176 千字
书　　号：	ISBN 978-7-5534-3923-5
定　　价：	45.00 元

版权所有　翻印必究

前言

Foreword

　　人类在地球上生活了数百万年，其间创造出了辉煌的文明、灿烂的历史和伟大的功绩，但人类有文字记录的历史却不足万年，这短短几千年的文字记录，根本无法记述人类的辉煌。那些珍贵的遗迹，在没有记录的情况下，消失在了历史的长河中，无声无息，直至泯灭。于是人们用考古的手段去探寻那些世上仅存的历史痕迹，它们或在深山密林，或沉睡于深深的地下，或只剩下了无尽的传说，但这些都将带给人们启迪，就像西拉姆说过的那样，考古学能够让干涸的泉源继续喷涌，让被人遗忘的东西死而复生，让历史的长河重新流淌。总的来说，考古为人们一点点拼凑出了历史的全貌，也让人们从中找到了未来的方向。今天我们为您带来的这本书，就是对那些古老岁月的见证，就让我们一同走进历史，拨开历史沉重的面纱，来看一看那些中外考古的伟大发现，领略历史的雄浑与壮丽。

目录

第一章　远古的奥秘

- 002 / 我们来自何方
- 004 / 神秘的史前盘子
- 006 / 人类曾经并不聪明
- 008 / 追寻元谋人之谜
- 012 / 具有智慧的蓝田人
- 015 / 寻找中国人的直系祖先
- 019 / 爱美的后期智人——山顶洞人
- 023 / 神秘消失的河姆渡文明
- 027 / 仰韶文化的繁荣
- 031 / 迷人的红山文化
- 035 / 中国北方的农耕文明——半坡文化
- 039 / 大汶口文化——最初的贫富分化
- 044 / 迎风逐浪的先民

第二章 历史上的未解之谜

048 / 海底古瓷上的现代简体字

051 / 千古一帝的神秘军备库

055 / 伽利略的手绘月球

058 / 消失的民族

060 / 郑和在哥伦布之前就发现了美洲？

062 / 写于3400年前的"信"

064 / 月氏与匈奴——两个马背民族的碰撞

067 / 古罗马的婴儿为何被杀

069 / 远古时期的女艺术家

071 / 古时候的橡胶制品

074 / 奇特的埃及"弯曲金字塔"

第三章 古城之传说

078 / 庞贝——火山灰下的城市

082 / 中国的"庞贝古城"

086 / 神秘的查查波亚古城

088 / 隐藏于历史迷雾中的印加古城

093 / "米粮川"上的明代庄园

096 / 从卫星地图上发现的古罗马别墅遗址

098 / 神秘的巴人古堡

101 / 诸葛村与神奇的八阵图

目录

105 / 多灾多难的海原城

107 / 寻找蒙古汗国大汗宫遗址

第四章　古墓探秘

110 / 印加帝国墓室遗址惊现秘鲁

112 / 乾陵内的国之瑰宝

115 / 海底惊现冰河时期古墓

118 / 神秘的三峡悬棺是谁所造？

122 / 王墓中的黄金饰品

124 / 无限神秘之始皇陵

127 / 女尸缘何千年不腐

129 / 谜一样的无名汉墓群

132 / 第一具走出埃及的木乃伊

136 / 古罗马角斗士最后的埋骨之处

140 / 千古芳魂何处觅

143 / 草原上的黄金古墓

第五章　人类未解之谜

148 / 水下考古编年史

151 / 谁是最早发明面条的人？

153 / 500年前的印加少女

156 / 莫高窟——悬崖上的佛窟

160 / 凌云大佛探秘

164 / 所有的生物终将走向灭绝吗？

167 / 谁比哥伦布更早绘制了美洲地图？

169 / 人类何时迈出了直立行走的第一步？

171 / 撒哈拉——远古之时的绿色天堂

173 / 长江三峡是人类祖先的发源地？

176 / 2008年最受瞩目的考古发现

179 / 谜一般的汉代古墓

183 / 珍贵的冰河时期古化石

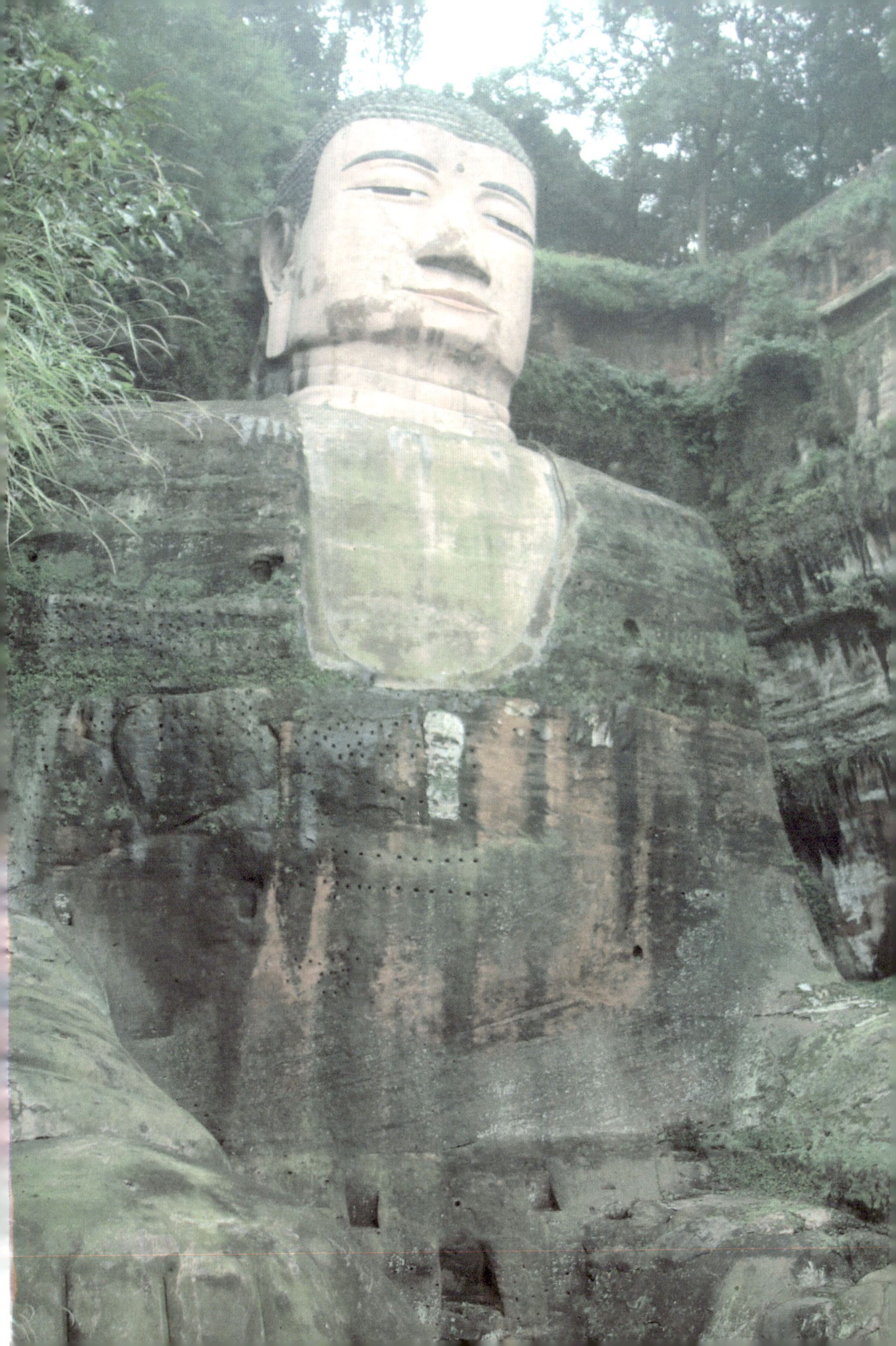

第一章
远古的奥秘

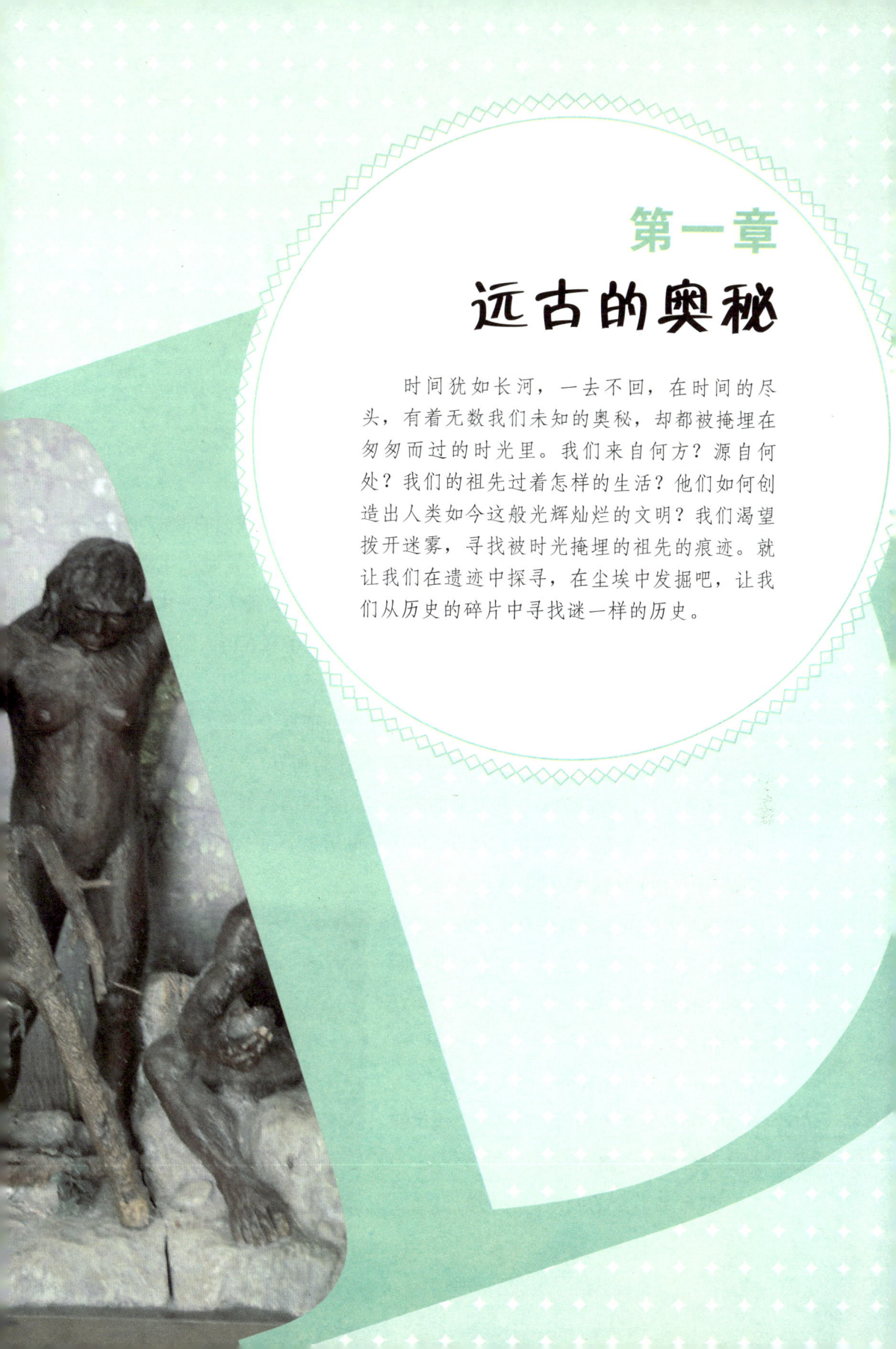

时间犹如长河，一去不回，在时间的尽头，有着无数我们未知的奥秘，却都被掩埋在匆匆而过的时光里。我们来自何方？源自何处？我们的祖先过着怎样的生活？他们如何创造出人类如今这般光辉灿烂的文明？我们渴望拨开迷雾，寻找被时光掩埋的祖先的痕迹。就让我们在遗迹中探寻，在尘埃中发掘吧，让我们从历史的碎片中寻找谜一样的历史。

Part1 第一章

我们来自何方

我们站在食物链的顶端，我们拥有最高的科技，我们可以飞上太空，我们拥有光辉灿烂的文明，但有谁知道——我们来自何方？

睿智博学的达尔文先生用他的"进化论"告诉世人，我们的祖先叫作"能人"，"能人"在拉丁语中被翻译为"手巧之人"，他们生活在距今300万到150万年前，可以制造出最早的石器，而后"能人"进化为"直立人"，"直立人"又进化为"智人"，最后发展成了现在的人类，但事实真的如此吗？答案永远出乎人们的意料。

随着考古学的不断进步，我们又找到了新的证据，一篇发表在《自然》杂志上的文章让我们不得不重新思考我们到底来自何方。

文章指出，考古学家在肯尼亚的图尔卡纳湖周围找到了"能人"的下颚骨化石。经过测定，这块化石足有144万年的历史，而"直立人"的生活时期是距今180万到20万年前，"能人"与"直立人"的生活时期有了重叠，这就说明"直立人"并非是由"能人"进化而来的，在他们之中，只有一个才是人类真正的祖先。

❖ 能人头骨

历史究竟是怎样的，没人知道，今天的我们只能靠一点点的蛛丝马迹拼凑出我们人类的进化之路。

据考古学家的判断，我们的祖先是

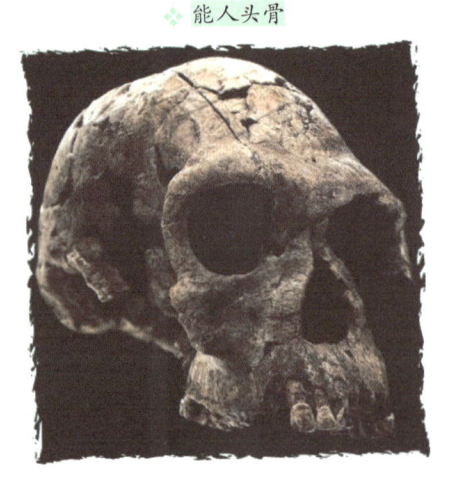

"直立人"，"直立人"进化成了"智人"，"智人"变成了今天的我们，而"能人"则没能完成他们的进化之路，他们消失在了时间的长河中，其实这也不奇怪。在远古时期，曾经有不止一个人类族群并存，其中就有我们非常熟悉的"穴居人"，可是他们也在进化中灭亡了，就像达尔文的进化论所说的那样，物竞天择，适者生存，最后只有我们的祖先"智人"生存了下来，并成为了现在的人类。

> **知识小链接**
>
> 在古希腊时，人类便有了关于进化论的一些想法。进化论可以被用来解释生物为何会出现变异的现象，而如今发展出的进化学理论，则是以达尔文的进化论为中心，《物种起源》一书已经成为了现代生物学的核心理论之一，其古生物学、比较解剖学和胚胎发育重演律更是进化论的三大经典证据。

如果这个推测能够确立的话，我们就又会产生出一个新的疑问——"能人"和"直立人"的祖先又是谁呢？这依旧是一个无法解开的谜团。

我们的祖先"直立人"是如何生活的呢？这一点在被挖掘出来的化石中可以找到一点点痕迹。

通过化石，我们可以知道，"直立人"的族群很有可能是按照一夫多妻制的原则生活的，因为男性的骨骼明显比女性大很多，男性体格强壮，女性矮小瘦弱，这种情况和我们的近亲大猩猩非常相似，而在大猩猩的族群中也实行了一夫多妻制，强壮的雄性凭借武力可以获得族群中的优势资源，也可以拥有更多的交配权，繁衍出更加优秀的后代，利于整个族群的进化和发展。

物种的进化之路似乎一直都是如此，在不断的繁衍生息中留下顽强的、淘汰弱小的，犹如大浪淘沙，铸就出一座生物进化的金字塔，而我们人类便是站在塔尖上，进化得最为成功的一个。

◆ 能人生活复原图

第一章 远古的奥秘

中外考古大揭秘

Part1 第一章

神秘的**史前盘子**

> 宇宙浩瀚无边，拥有无数的星球，那么除了人类，宇宙中是否还存在着其他的生命，是否也有另一个辉煌的文明？

人们喜欢抱着对未知的幻想去仰望头顶的星空，而一个发现，却让这种幻想有了真实存在的依据。在我国新疆与乌兹别克斯坦共和国交界处的一个岩洞中，发现了一幅历史悠久的壁画，这幅壁画来自人类远古的祖先，画中描绘的图案与现在身穿宇航服的宇航员非常相似，在"宇航员"的手中还托着一个奇怪的盘子。这幅画极大地激发了人们的想象，这个好像"宇航员"的生物是不是来自宇宙呢？也许在远古时期，真的有外星人来到过地球，并被我们的祖先画了下来。

当然，这种外星人论并没有得到所有人的支持，有些科学家更倾向于另一种理论，他们认为，地球存在一个文明周期，每一个周期即将结束的时候，地球的气候便会发生改变，变得让人类无法生存，于是一个文明毁灭了，时间将会摧毁一切它曾经存在过的证据，而当另一个周期开始的时候，人类便又会重新发展出新的文明，那个被摧毁的文明便被人们称为史前超文明。科学家们认为，岩洞中的影像就是史前超文明的证明。

也许这两种假设都有可能，但不管是外星人，还是史前超文明，最让人们感到费解的是他们手中的那个奇怪的盘子，没人知道那个盘子到

巴颜喀拉山

第一章 远古的奥秘

底代表了什么，又有什么用处。

考古学家们追寻着一个个奥秘，他们终于在我国四川和西藏交界的巴颜喀拉山的山洞中发现了另一批奇怪的盘子，这些盘子是用坚硬的花岗岩打磨出来的，一片片花岗岩被打磨成2厘米厚的均匀的盘子状，中间有一个孔洞，盘身上还刻有螺旋状的符号。经过测定，这些盘子至少存在了一百万年以上。当时的地球还处在洪荒时代，人类就算在当时已经存在，也不过还是原始阶段，凭当时的生产力水平是不可能生产出如此精致的盘子的。

考古学家们的发现还不止于此，在出土的商朝文物中，类似的盘子再次出现了。盘子被木栓垂直安放在一个20厘米高的方尖塔上，并且盘子的边缘有整齐的齿轮角，可在商朝，世界上根本不存在铣床，没人知道那些整齐得不可思议的齿轮角是如何制造出来的。

这些奇怪的盘子之间是否存在着某种不为人知的关联呢？它们到底是外星人的馈赠，还是史前文明的遗留？里面是否承载着我们所不知道的科技，抑或是某种文明的传承？这些都未可知，亿万年的沧海桑田，消失的不止是数不尽的物种，也埋葬了无数的秘密，成为人类的不解之谜。

> **知识小链接**
>
> 考古学家们在三叶虫的化石上发现了穿着鞋的人类脚印；在非洲，人们发现了史前核反应堆；在南非，人们发现了制作精密的金属球，这些发现都说明，从远古时代开始，地球上就存在着文明，所以，考古学家们提出了地球存在史前文明的理论，认为人类的发展是周期性的，并认为地球上的史前文明不止产生过一次。

中外考古大揭秘

Part1 第一章

人类曾经并不聪明

> 人类能够站在地球食物链的顶端，是必然还是偶然？一个动物的头骨为我们揭示了一个秘密，那就是人类的祖先曾经并不聪明。

2004年，在卡罗西南部的一个采石场上，人们发现了一枚雌性灵长类动物的头骨，它非常小，可以被轻松地托在掌心里。人们根据这枚头骨的特性分析出了它的一些基本情况，它拥有良好的视觉，喜欢在白天活动，很可能是狐猴祖先的一个分支。最让人们吃惊的是，它的脑容量非常小，这完全打破了人们之前对灵长类动物的判断。在此之前的1966年，人们在这一地区也曾发现过一个类似的雄性头骨，但头骨保存得并不完整，人们只能根据残存的部分，分析这种动物拥有较为发达的大脑，但新的头骨出现了，它更为完整，也更为明确地证明了，这种动物的大脑并没有一开始判断的那样发达。

科学家们还分析了一个拥有2900万年历史的类似猴子的动物头骨，这种动物被称作埃及猿宙克西斯，埃及猿也可以被称作"曙猿"，它们看起来就像是一只浓缩的猩猩。科学界认为，这种动物和人类有着较为密切的血缘关系。分析表明，埃及猿曾经生活在温暖的大森林里，它们靠着野果和树叶为食，而且它们的大脑也并不发达，通过微机化X线断层摄影扫描技术验证，这种动物的大脑相当原始，甚至比猴子和猿类

埃及猿

> **知识小链接**
>
> 埃及猿存在很多的化石资料，所以人们对埃及猿的了解也是最多的。埃及猿是早期的高等灵长类动物，它们体格强壮，以果实为生，也吃树上的树叶。它们的大脑容量比现代猿猴要小，但是已经超越了同时期的其他哺乳动物。埃及猿的雄性个体比雌性个体要大，喜欢群居生活。

的大脑还小。这个结果也充分表明了，我们的祖先，灵长类动物的大脑扩充速度十分缓慢。

那么到底是什么原因抑制了这种灵长类动物大脑容量的扩充呢？又是什么原因使灵长类动物在短时间内发展出了高智商和超越其他物种的文明呢？

科学家们对这个灵长类物种的生存环境进行了研究，研究表明，这种灵长类动物生存时期，非洲还是一座与世隔绝的岛屿，岛屿上的物种并不多，这种灵长类动物的天敌也很少，因此它们不需要太高的智商就可以生存下来。而在这之后，非洲大陆与亚洲大陆由于地壳的变迁连接在了一起，两座大陆上的物种相互迁徙，致使这种灵长动物遇到了越来越多的生存威胁，于是为了生存，就必须要变得更加聪明，所以脑容量得到了快速的发展。

由此看来，人类的发展壮大，得益于生存环境的恶化，得益于祖先们为了生存而不得不努力的进化。

第一章 远古的奥秘

中外考古大揭秘

Part1 第一章

追寻元谋人之谜

一段铁路的修建，两颗牙齿化石的发现，让人类用火的文明史向前延伸了100多万年的时间，也改写了人类的历史。

那是1965年的4月，中国确定了建设成昆铁路的百年大计，修建铁路的前期地质勘探工作由中国地质科学院负责，地质科学院派出了浦庆余、赵国光和王德山等地质学家，组成了一个探测队，深入云南元谋盆地进行勘探工作。

就在那一年的5月5日，地质学家们进入大那乌村进行地质勘探，当地的老人无意中向勘探队员们讲起了村中人的一个发现。原来，在这个村中的山沟里，村民们居然找到了化石。老人的话让勘探队的队员们感到十分兴奋和好奇，于是在当地人的带领下，勘探队员们来到了化石的发现地，并真的在那里寻到了几颗化石，其中就有类似人类牙齿的化石。

牙齿化石比较粗壮，内侧较为凌乱，外侧则相对平坦，

> **知识小链接**
>
> 北京人也被称为北京猿人，它们存在于更新世。1927年在北京市西南的周口店龙骨山中发现了北京猿人的化石，不过关于北京猿人的生存年代存在着较大的争议，大多数人认为其存在于距今50万年前。而不久前的英国《自然》杂志曾发表过一篇文章，文中将北京猿人的生存年代推至68万~78万年前。

❖ 元谋猿人牙齿化石

008

原始特征非常明显，化石的齿冠部分留存还算完整，只是齿根末端有些残缺，而且表面也有许多细小的裂纹。

由于无法断定这两颗牙齿化石的出处，于是地质勘探队将它们带回了北京，由古人类化石学家胡承志先生对其进行研究，胡先生最终推测其为口腔上部的两颗门齿。

❖ 元谋人石像

这两颗门齿究竟属于谁呢？带着这个疑问，胡承志将门齿化石的特征和其他牙齿进行了比较。经过比对，他发现，这两颗门齿所显现的特征可以表明，它们的主人有可能有纤细种南猿的血脉，并与著名的北京人有着血缘关系，他很可能就是我国最早的一批直立人，并正好处在纤细种南猿向直立人进化的过渡时期。因此很好地弥补了猿类向直立人进化过程中的一段空白，也将我国最早发现人类化石的年代提前了一百多万年，其历史意义和价值不可估量。

❖ 元谋人

元谋人的存在早已被世人知晓，但以前并没有给予直接的肯定，这次的发现，将元谋人推到了全世界人的眼前，元谋人化石的发现震惊了世界，同时也引起了无数人的争议。人们讨论着元谋人的来历，这个种群到底生存在何时？如果按照中国科学院所做的地磁测定，那么他们生活的时代距今约有160万到180万年，是已知最古老的人类，可另一种观点则认为古地磁年代超不过73万年。所以元谋人生存的年代应该是在60万到50万年间，或者更晚些，这两种说法各

中外考古大揭秘

执一词，都有各自的理论依据，却也无法完全说服对方。除此之外，人们的讨论重点，还集中在元谋人是否可以被认定为"人类"上。

作为一个人类的标准，应该符合最基本的几个要求，那就是可以制作和使用工具，并拥有自己的语言，而最原始的人类至少也要学会火的使用。那么元谋人呢，他们会些什么？可否有证据能够证明他们符合作为人类的资格？

❀ 元谋人复原图

有人曾说中国的大地上到处都是古物，随便踢一脚都能找到古董。是的，在我国广袤的大地中埋藏着数不尽的古物，也掩埋着元谋人曾经生活过的痕迹。在考古学家们不断的努力发掘和探寻中，我们终于一点点地拨开了眼前的迷雾，逐渐看清了元谋人的生存状态。

1973年的一天，由云南省博物馆、中国科学院古脊椎动物与古人类研究所和元谋县文化馆共同组织的考古队，联合发掘了元谋人的遗址，被深深埋在泥土下的六件远古石器展露了出来。这些石器虽然粗糙，但它们的出现足以说明元谋人在当时已经学会了制造和使用工具，而后考古学家们还在土层中发现了大量的炭屑，这些碳屑大多都出现在粉砂质黏土和黏土里，还有小部分掺杂在砾石透镜体内。炭屑的分布也并不均匀，有的集中，有的分散，中间还夹杂着被烧黑的动物骨骼化石，虽然考古学家们无法证明

❀ 元谋人头骨

这些炭屑和被焚烧过的动物骨骼，究竟是自然原因造成的，还是人为原因造成的，但如果将之联系在一起，就可以得出一个大致的推断。那就是，当时的元谋人很可能在生产活动中逐渐掌握了用火的技能，已经学会了烤制猎物，他们将猎杀的动物放在火上烤制后再食用，而不再生吃，已经告别了茹毛饮血的时代。

元谋人的出现让我们将人类用火的历史向前延伸了一百多万年，同时也将人类的文明史向前延伸了一百多万年。

❖ 元谋人复原头像

因此，我们不得不说，元谋人是目前发现的最早的人类，也是我们人类可以追溯到的最古老的祖先。

第一章 远古的奥秘

中外考古大揭秘

■ Part1 第一章

具有智慧的蓝田人

当考古学家发现北京猿人的化石时，便改写了人类的进化史，但北京猿人就是人类最早的祖先吗？不！因为蓝田人出现了。

在北京猿人的化石被发掘出来时，全世界都为之震惊，这个惊人的发现也同时激励了考古学家们的热情和继续探索的决心。他们坚信，在中国的大地里，一定还保留着人类更古老的遗迹，只要找到它，便可以进一步揭开人类进化之谜，让人类祖先的荣光重现世间。

考古学重在勘探，在经过了严格的考证和勘探之后，考古学家们将目光聚集到了陕西省的蓝田盆地上。

蓝田盆地之所以受到了众人的瞩目，其原因就在于它独特的地质构造。由于地理的原因，蓝田盆地就像是一个天然的聚宝盆，它承载了无数从骊山和秦岭而来的泥土，逐年累月地堆积，已经形成了数千米的堆积层和覆盖层。而地壳的运动、河流的切割，使蓝田盆

❖ 蓝田人

地成为了地质勘探的宝库，它就犹如一页页的书籍，记载着无数个物种的辉煌和没落，兴盛和衰亡，内中蕴含的化石和遗迹更是考古学家们一生追求的梦想。

1963年夏天，中国科学院古脊椎动物和古人类研究所派出的考古队终于走进了蓝田，他们即将要翻开这本厚厚的承载着历史的地质书籍。

考古队员们很快展开了工作，一层层泥土被挖开，一页页历史被翻起，就在挖掘到30米厚的红土层时，考古队员们兴奋了，因为他们发现了一枚人类的下颌骨化石。

> **知识小链接**
>
> 蓝田人大约生活在距今100万至50万年前。他们的生活环境十分复杂，有茂盛的草木和许多远古野兽，比如东方剑齿象、大熊猫和葛氏斑鹿等，还有凶猛异常的剑齿虎。蓝田人可以制造和使用粗糙的石器，他们制造出了砍砸器、大尖状器、刮削器和石球等。为了能够生存，他们除了捕猎外，还要采集野果和块茎为食。

化石的发现激发了大家的热情，他们相信这里一定还保留着更多的化石。果然，在经过了一番精密细致的勘察后，考古工作者们在地层中又发现了不少古代生物的化石，这些对于考古队员们来说无异都是珍贵的宝物。

宝物的发现令人高兴，但宝物的发掘却让人犯了难。由于地层中形成了坚硬的钙质结核，挖掘起来十分困难，而且当地环境潮湿，这也让埋藏在此地的化石变得脆弱易碎，就更加增大了挖掘的难度，使挖掘进度越来越慢。但为了珍贵的化石，考古队员们还是想尽一切办法，并派出了最有经验的工作人员小心地挖掘。

在挖掘一枚被牢牢封在钙质结核中的牙齿化石时，意外还是发生了，由于化石太过脆弱，一不小心便发生了断裂，只有一半被挖掘了出来，这一半

蓝田人的生活想象图

❖ 蓝田人的生活想象图

的化石根本无法用作考古上的分析判断。为了考古的需要，工作人员冒着大雨继续挖掘，最终将剩下的半枚化石挖了出来，当两枚断裂的牙齿化石合二为一时，最终被鉴定了出来，这正是一枚远古人类的牙齿化石。

好消息一个接着一个，在人类牙齿化石被挖掘出来后，考古工作者们居然又挖掘出了一个人类头骨化石。这个人类头骨化石保存得比较完整，上面甚至还保留着两颗牙齿，是当今世上为数不多的被挖掘出来的猿人头骨化石。

专家们对这个猿人头骨化石做了初步分析，认为这个头骨的主人是一位女性，年龄大概有30岁，她生活在距今100万年以前。专家们相信，这个猿人种群在当时已经学会了制作和使用工具，因为在后续的挖掘中，人们又发现了200多件粗糙的石器。石器的加工工艺十分粗糙低劣，器形既不美观也不齐整，这源于当时人们的手工艺水平还相当原始。但不可否认的是，他们已经学会了制造工具，并将之运用到了自己的日常生活中。同时，这些发现，也使得人类制作工具的历史有了新的突破。

Part1 第一章

寻找**中国人**的直系祖先

第一章 远古的奥秘

> 谁是中华民族的直系祖先？这个问题一直困扰着所有华夏儿女，同时也是考古学家们孜孜以求的奥秘，直到北京猿人的发现，震惊了世界。

北京猿人化石的发现得益于全世界优秀考古学家和地质学家的共同努力，这个发现既有偶然也有必然，但过程充满了曲折，之所以这么说，是因为引发这次考古发现的并不是一位考古学家或者地质学家，而是一位来自德国的医生——哈贝尔。

哈贝尔医生在中国期间得到了一些被中国人作为药材使用的"龙骨"，在回国时，他将这些"龙骨"也一并带了回去，而后他又将它们送给了施洛塞尔教授。施洛塞尔教授是德国著名的古脊椎动物学家，他在这些奇怪的"龙骨"中发现了一颗近似于人与猿的牙齿化石。

施洛塞尔教授的这一发现很快便传遍了整个考古界，引起了无数考古学家和地质学家的关注，这其中也包括了瑞典著名地质学家安特生。

◆ 北京猿人

1914年，安特生受到了中国政府的邀请，来中国做矿产顾问，他一直关注着"龙骨"的信息，并在几年间四处搜寻相关的线索。终于，在1918年2月，安特生结识了一直在北京任教的化学家麦格雷戈·吉布，他告诉安特生，在北京周口店附近的鸡骨山上有不少好似堆积物的石灰岩洞穴，他在那里发现了很多碎骨片。

015

中外考古大揭秘

麦格雷戈·吉布提供的信息让安特生看到了希望,他马上来到了周口店的鸡骨山挖掘,但遗憾的是此次挖掘只发现了一些动物化石,其中并没有人类或者猿类的骨骼化石,虽然挖掘并不顺利,但安特生并没有气馁。

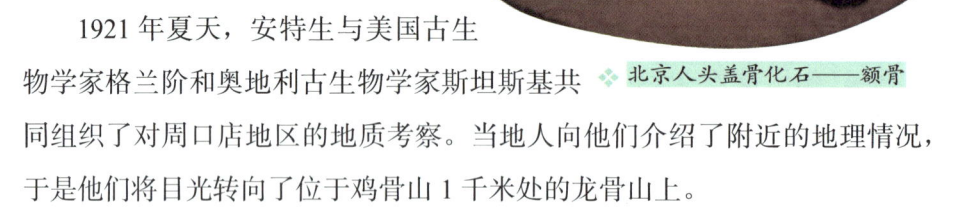

1921年夏天,安特生与美国古生物学家格兰阶和奥地利古生物学家斯坦斯基共同组织了对周口店地区的地质考察。当地人向他们介绍了附近的地理情况,于是他们将目光转向了位于鸡骨山1千米处的龙骨山上。

❖ 北京人头盖骨化石——额骨

龙骨山上有着比鸡骨山更多的动物化石,考古学家们还在这里发现了大量的石英片。要知道,一座石灰岩的洞穴中是不可能出现石英片的,那么就只有一种解释,这些石英片是被从其他地方带到这里的,可到底是谁将石英片带到了洞穴中?安特生感觉,这个问题的答案似乎呼之欲出,而当他找到答案时,也是一个世界性的秘密被揭开的时候。

两年后,斯坦斯基在龙骨山发掘出了第一颗人类牙齿化石,这颗牙齿化石被腐蚀得比较严重,而后不久,第二颗牙齿化石也被挖掘了出来,这颗保存得就比较完好了,这两颗人类牙齿化石都被交由瑞典古生物学家步达生保管。

安特生以及其他考古学家的挖掘工作初见成果,马上引起了世界的关注,他们也得到了美国洛克菲勒基金会的支持,这让他们可以组织起更加专业的考古队,对周口店地区进行系统的考古挖掘工作。

这次的考古挖掘得到了巨大的收获,考古学家们在龙骨山的化石中

> **知识小链接**
>
> 中国猿人北京种也可以称作北京猿人,或者北京直立人,他的英文学名是 Homo erectus pekinensis,翻译过来就是中国的直立人化石。北京猿人拥有较高的颧骨,脑容量仅为1532毫升,身材短粗,男性身高只有156厘米左右,女性只有144厘米左右,他们大约生活在77万年前,而后迁徙到北京周口店,并在这里生活了将近40万年的时间,直到约20万年前,他们才离开这里。

找到了一颗保存完好的古人类牙齿化石，这颗牙齿化石属于一种以前从未被探知的原始人类。古生物学家葛利普为其命名为——中国猿人北京种，也被称为北京中国猿人。

北京周口店遗址博物馆馆藏

周口店的考古挖掘受到了越来越多人的关注，1928年，刚从德国留学归来的古生物学家杨钟建也参与其中。在世界众多考古学家的共同努力下，周口店考古队终于又发现了两枚"北京猿人"的下颌骨化石。次年，他们更是挖掘出了北京猿人头盖骨化石。随着一枚枚远古人类化石的问世，世界被震惊了，因为这些考古成果的发现，足足将人类的进化史向前推进了50万年，因而也被人们誉为20世纪古人类学最重要的发现之一。

在周口店的泥土之下，埋藏的不仅仅有远古人类的化石，还有远古人类生活的种种痕迹，有他们制作的简陋的石器和他们使用火的证据。

北京猿人制作的石器大多是些小型的石片石器，他们从河滩上捡拾砾石，或者从花岗岩中寻到水晶石，而后将之砸击、碰砧成石片，用以作为日常生活中的器具。

这些器具的用处各种各样，有的用来砍斫，这类的器具大多是用扁圆形的砂岩或者石英砾石制造而成，将一端或两端打磨出刃口即可。有的器具是用来刮削的，这些器具形状各异，有盘状的，也有凸刃和凹刃的，甚至有多变刃。可能是由于需求量大，所以这类石器在众多石器中数量最多，至于雕刻用的或者作为石锤和石砧数量就少多了，但做工相对精细不少，技术水平显然比其他石器要高。

北京周口店遗址博物馆馆藏

第一章 远古的奥秘

017

中外考古大揭秘

在众多的发现中，一堆堆的灰烬层引起了考古学家们极大的兴趣，这些火堆的人为痕迹十分明显，显然是被人类精心管理着的。在这些火堆灰烬中人们还发现了被烧过的石头和骨头，考古学家们根据当地的地理环境推测，在远古时期，此地森林茂盛，野兽众多，北京猿人根本无法独自生存，为了生命的延续，他们只有群居在一起，共同狩猎劳作。为了对抗恶劣的自然环境和凶猛的野兽，他们的大脑不断进化，不但学会了用石块制造工具，而且还学会了保存天然火种，并用这些火种取暖、驱赶野兽和烧烤食物。这一切完全可以证明，北京猿人已经向着文明世界迈进了一大步。

❖ 北京猿人复原雕像

Part1 第一章

爱美的后期智人——山顶洞人

第一章 远古的奥秘

> 继举世瞩目的周口店龙骨山北京猿人化石出土之后，另一个巨大的发现再次引发了全世界的关注，那就是山顶洞人。

要说山顶洞人的发现，那和北京猿人还有着密不可分的关系。在周口店发掘出的北京猿人化石引起了世界的轰动，周口店一时成为了无数考古学家关注的地方。中国考古学家裴文中带领着一队考古队员也来到了周口店，他们想要弄清楚北京猿人遗址的边界到底在哪里。

为了完成研究项目，考古队员们一路向着龙骨山顶进发，他们对龙骨山的山顶进行了清理和勘探，就在清理的过程中，他们无意中发现了一个山洞。

裴文中带领着好奇的队员们进入山洞进行勘察，他们发现山洞中布满了大量的胶结物，在很多胶结物中居然还包裹着化石。

这里会不会是另一个北京猿人的遗迹呢？裴文中和考古专家们感到十分兴奋，并抱着极大的热情展开了清理工作。

当一枚枚人类的骨骼化石被清理出来后，所有的考古队员都被惊呆了，因为他们根据这些骨骼化石的特征发现，这些骨骼化石很可能并不属于北京猿人，而是属于另一种从没发现过的，比北京猿人进化得更为完美的人种。

1933年，龙骨山山顶洞穴遗迹得到了重点勘探挖掘，考古学家们认真地清理出洞内的积土和被隐藏的

❖ 山顶洞人

中外考古大揭秘

化石遗物。当人们将洞穴清理出来后发现，原来这个洞穴并不简单，其中已经被分成了作用不同的四个功能区，每一个区域都有各自的用处，洞穴区域的入口是朝北的，大约有4米高，洞穴的东北部有一间上室，南北约宽8米，东西约长14米。在上室中，考古学家们发现了婴儿的头骨碎片和一些石器，以及装饰品，并在中央发现了一堆灰烬的痕迹。专家们推测，这里很可能就是原始

> **知识小链接**
>
> 北京周口店因为北京人头盖骨的发现而成为了世界著名的早期人类发祥地之一。在漫长的时光流转中，这里曾哺育过距今70万至20万年的北京猿人，还有距今10万年的新洞人和距今2.7万至3.4万年的山顶洞人。1987年，联合国教科文组织根据文化遗产遴选标准将周口店北京人遗址列为了"世界文化遗产"之一。

人的生活区，他们在这间上室中生活居住。在洞穴的西半部下面，有一间深约8米的下室，下室内存放着三具完整的人头骨和部分躯干骨，在这些骨骼化石的旁边还摆放有不少随葬品。据分析，这里应该是原始人的墓地。考古专家们在山洞中还发现了一处原始人用来存放猎物的储藏室，这个储藏室没有精心布置，只是一条长约3米的裂缝，在裂缝里发现了不少动物的骨骼化石。其中光脊椎动物便有54种，哺乳动物有48种，这些动物大部分都是华东、内蒙古和东北地区的物种，只有3种已经灭绝的动物尸骨，这也从一方面说明，这些原始人应该是出现在晚更新世末期的时候。为了区分这些新发现的原始人和北京猿人，考古学家们将这些居住在龙骨山山顶洞穴中的远古人类命名为山顶洞人，并将发现他们的龙骨山洞穴命名为山顶洞遗址。

山顶洞人的头骨十分粗壮，额头倾斜，眉脊突出，长相非常原始，可是他们的体质已经与现代人没有太大的差别了。而且他们的脑容量也已经达到了1300~1500毫升，和现代人的脑容量十分接近，这说明，他们在智力发展上拥有

❖ 山顶洞人

很大的潜力。

　　那么山顶洞人和北京猿人是否有着血缘上的联系呢？答案是否定的。据考古学家分析，山顶洞人应该是生活在距今一万八千年前，而那时北京猿人早已经离开了龙骨山。所以，山顶洞人应该是在北京猿人离开后才从其他地区迁徙到这里的，他们之间没有任何关系。

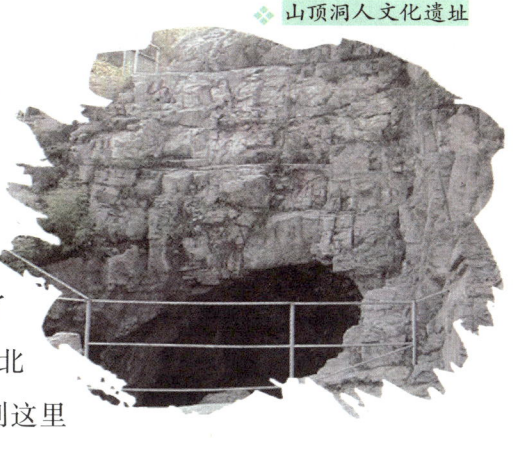

❖ 山顶洞人文化遗址

　　山顶洞人有别于北京猿人，他们应该属于新时期的智能人，其智慧也明显要比北京猿人高得多。在山顶洞人的生活遗迹中，考古工作者发现了人工取火的痕迹，这标志着山顶洞人已经不再只依靠自然火，他们摆脱了自然界的束缚，学会了人工取火，这是一个质的飞跃。

　　山顶洞人制作的石器也比北京猿人精致许多，虽然被挖掘出来的石器只有25件，但都比以往发现的石器更加先进。其中一枚骨针，尤其让人惊叹，骨针长82毫米，针体浑圆，针尖尖锐，只不过骨针的上缘有些残缺，其他部分都保存完好，从骨针的针眼判断，当时的山顶洞人已经掌握了磨光技术和钻孔技术。骨针的发现更加说明，山顶洞人已经学会了缝制衣物来遮体御寒。

　　也许是由于智力的发展和工具的运用，山顶洞人的生活物资比北京猿人要丰富许多，他们可以捕获的猎物越来越多，有赤鹿、野猪、羚羊、斑鹿等陆地动物，还有鸟类和不少水生动物。为了增加劳动效率，山顶洞人开始了最原始的劳动分工，青壮年男子负责出外打猎和捕鱼，女人们则负责采集野果、制作食物、缝补衣物和管理家庭生活。因为当时人们捕猎能力相对较弱，所以采集要比捕猎的收获更多，更稳固，所以负责采集的女

❖ 山顶洞人头骨

第一章 远古的奥秘

中外考古大揭秘

性也就顺理成章地成为了氏族的主要支柱，在氏族中具有崇高的地位，起着主导作用。生活物资的丰富让山顶洞人开始有了除去生存之外的更高的追求，那就是对于美的追求。

考古专家们惊讶地发现，山顶洞人的审美意识非常强烈，他们喜欢制作装饰品来打扮自己，并经常用一些穿了孔的小石珠、美丽的砾石、贝壳、鲩鱼眼上骨和兽牙穿成美丽的项链和手镯戴在自己身上。为了增加装饰品的色彩，山顶洞人还用石头从赤铁矿石上磨出石粉，将穿装饰品的绳子涂抹出美丽的颜色，他们认真地装扮自己，没有一丝马虎。

❖ 山顶洞人头骨

❖ 山顶洞人文化遗址

Part1 第一章

神秘消失的河姆渡文明

第一章 远古的奥秘

> 长江曾被称为早期人类文明的荒漠，但河姆渡遗址的发现，让这句话成为了笑谈。河姆渡遗址令世人惊叹，惊叹于它的文明与神秘。

1973年，浙江省余姚县罗江公社组织人手正在挖掘河道，突然有人从土中挖出了一些带炭黑的陶片、骨头和碎瓦片，这些东西看上去十分古旧，很有可能是文物，这马上引起了公社领导的极大重视。为了保护文物，挖掘河道的工程被停了下来，公社领导将发现的情况汇报给了县文物主管部门。接到了地方上的报告，省博物馆立刻组织了专业人员赶赴挖掘现场，进行勘探，果然挖掘出了一批黑色的古陶片，破碎的兽骨和不少带着斧痕的木头构件。经过专家验证，这个遗迹很可能就是浙江境内被发掘的最早的新石器时期的文化遗址，有着十分重要的科研价值和历史意义。

这个遗址足有2630平方米，在1973年到1977年间共被挖掘过两次。在发掘的过程中，人们发现，这里的地质十分复杂，不同时期的地层叠加在一起，形成了四个不同的文化层，最下面的一层距今足有7000年以上的历史，最上面的一层距今也有约5000年的历史。

随着发掘工作的不断深入，越来越多的历史遗迹被清理出来，种类繁多，有木器、骨器、玉

❖ 河姆渡遗址出土的陶猪

023

中外考古大揭秘

知识小链接

河姆渡文化的骨器制作比较进步，有耜、鱼镖、镞、哨、匕、锥、锯形器等器物，精心磨制而成，一些有柄骨匕、骨笄上雕刻花纹或双头连体鸟纹图案，就像是精美绝伦的实用工艺品。在众多的出土文物中，最重要的是发现了大量人工栽培的稻谷，这是目前世界上最古老、最丰富的稻作文化遗址。它的发现，不但改变了中国栽培水稻从印度引进的传统说法，许多考古学者还依此认为河姆渡可能是中国乃至世界稻作文化的最早发源地。

器、陶器等用品，还有各种装饰品、动植物遗骨的化石和人工栽培稻以及干栏式建筑的构件，考古人员甚至还发现了一口带着井架的水井。很显然，这片地域在当年很可能生活着一个远古的繁华村落，这个村落虽然还处于原始社会母系氏族时期，但人们的生产力水平已经有了长足的发展，其文明程度令人惊讶。

两次大规模的考古挖掘活动，带给了人们一次又一次的震撼。在挖掘中，考古人员发现了大量的耕作农具和由稻谷、谷壳、稻叶、茎秆、苇编、木屑组成的堆积层，这说明当时的人们已经开始了农业耕作，它们也可以说是当时世界上最先进的耜耕农业。如果说河姆渡地区原始人的农业发展令人震惊，那么他们的干栏式建筑则更加让人惊叹。

❖ 刻画猪纹黑陶钵

❖ 河姆渡人复原头像

"干栏式"建筑，是我国南方的一种传统木结构建筑，就算是现在，在华南地区也仍有人在使用。

河姆渡遗址中发现了很多的木板和木桩，这些木板和木桩上都有榫卯印记，还有一些和现代人使用的苇编席子非常相像的苇席。考古人员精心地将这些木板和木桩进行了组合，又将苇席铺好，于是一个常见的南方地区干栏式建筑就出现了。这样的建筑既可以防潮防雨，又能防止野兽的骚扰，真是一种充满了智慧的建筑方式。

河姆渡的文明让世界震惊，它精美的兽牙、精致的饰品、发达的农业种植技术、古老的水井和沿袭至今的干栏式建筑都一次次令人惊叹不已，也成就了它集万千荣耀于一身的璀璨光环。每当人们想起它居然存在于距今 7000 年前的世界，便会感慨颇多。

❖ 河姆渡遗址博物馆

河姆渡遗址向世人展示了当时人们的生活状态，他们是一群已经开始了定居生活的原始人类。在告别了最古老的狩猎和采摘后，他们掌握了发达的水稻种植技术和家畜饲养技术，先进的生产技术让他们的村落非常繁荣，手工业得到了长足的发展，各种器具的制作也越来越精美，可以说，他们已经拥有了高度的智慧。

❖ 河姆渡出土朱漆碗

但就是这样一个集光辉与灿烂于一体的辉煌了两千多年的文明，居然莫名其妙地消失了。地质文化层显示，在大约 5000 年前，河姆渡文明就像被一刀切断似的突然消失了，它为何消失，无人知晓，它到底去了哪里，也全无音信，于是它在人们心中永远蒙上了一层神秘的面纱。

❖ 河姆渡出土朱漆碗

围绕着河姆渡文明的消失，全世界众多的考古学家们都有着各自的猜测，但都缺乏有力的证据。直到有人

第一章 远古的奥秘

025

提出，也许是一场大洪水毁灭了河姆渡文明的发展，这个推测得到了重视，于是又一场围绕着河姆渡遗址展开的地理环境勘探开始了。

经过考古学家们的勘察发现，河姆渡遗址所在的地区在7000年前拥有温暖湿润的气候和郁郁葱葱的植被。这里的地质结构为"工"字形，所以每当发生洪水，这里总会是最先露出水面的，而且还会留下洪水冲刷下来的肥沃泥土，这样的地理环境非常适合农业的发展。

❖ 河姆渡遗址

但不幸的是，在距今5000年前，地球上发生了一次波及全球的特大水灾，在我国的古籍《尚书·尧典》中就记载着这样的话，"汤汤洪水方割，荡荡怀山襄陵，浩浩滔天"，这足以说明当时洪水的凶猛。在河姆渡地区，大洪水冲垮了"工"字形高地，使姚江改道，海水上溯，让河姆渡地区成了水乡泽国，当地的人们无法再耕作水稻，原本幸福的家园也一天天变得荒凉没落。为了生存，他们最后不得不选择离开这片曾经让他们幸福安康的土地，远走他乡。于是河姆渡的文明消失了，没人知道他们去了哪里。

❖ 河姆渡遗址出土的五叶纹陶块

Part1 第一章

仰韶文化的繁荣

第一章 远古的奥秘

仰韶遗址的发现来自一个偶然,这个偶然的发现向世界证明了中国确实存在新石器时期的文明,并且这个文明还十分发达。

中国的大地上曾经有过许许多多古老而璀璨的文明,它们的遗迹都被深深地埋藏在泥土中。在20世纪初,中国的考古学有了长足发展,一个个远古的遗迹相继破土而出,北京猿人、山顶洞人、殷墟古迹等文化遗产震惊了世界,同时也让无数考古学家和地质学家为之神往。

1911年,瑞典地质学家安特生应邀来到了中国工作,他对中国向往已久,更是一直都在密切关注着中国各地出土的古生物化石,这次能亲自来到中国,他决定要亲自好好地考察一番。

1918年间,安特生听到有人说在河南省的仰韶村中发现了很多古生物化石,这让他感到十分兴奋,于是迫不及待地赶到仰韶村进行实地勘探。但事情的进展并不顺利,安特生在那次的勘探

知识小链接

1921年,在我国河南省三门峡市渑池县的仰韶村发现了闻名于世的仰韶文化。仰韶文化是我国黄河流域发现的新石器时代的重要文化,它遍布黄河中游,持续时间约在公元前5000年至公元前3000年。目前在我国境内被发现的仰韶文化遗址已有上千处,在陕西省境内发现的遗址最多,共有两千多处,为全国的仰韶文化遗址总量的40%。

❖ 仰韶遗址

027

中外考古大揭秘

中没有发现太多有价值的东西，但他却没有因此而轻易放弃。由于安特生本人无法长期待在仰韶村，所以他就委托在当地地质调查所工作的刘长山帮他留心收集古生物化石。

刘长山接受了安特生的委托，便时刻留心，仔细收集。在两年间，他花钱购买到了很多远古的石器和陶片文物，而后他便将这些收集来的文物带给了身在北京的安特生。

❖ 仰韶文化博物馆

刘长山收集到的陶器和石器文物在做工上都显得十分精细，由此可以分析出，在仰韶地区一定有远古人类生活过，他们在那里休养生息，还发展出了较高的文明。这样的判断使安特生再也坐不住了，他相信在仰韶村一定还能找到更多的新石器时代的遗址，于是安特生决定再去当地做一次更加系统和科学的考察。

1921年，安特生邀请了著名的骨骸专家布莱克博士、古生物学名誉技师斯坦斯基博士、中国学者陈德广和袁复礼等人共同组织了一支专业化的考古队，他还取得了北洋政府和河南省政府的同意，专门对仰韶地区展开了考古发掘工作。

❖ 仰韶遗址

这次专业的考古行动虽然只有短短的35天，但一共挖掘出了17处远古遗迹，作为一次考古学上的新发现，人们将这些远古文明的遗存命名为"仰韶文化"。

仰韶文化是中国考古学的一大发现，但20世纪初期的中国，正处在一个社会局势并不稳定的时期，所以直到新中国成立后，对于仰韶文化的发掘和研究才更近了一步。

1951年6月，由中国科学院考古所河南调查团派出的专家们对仰韶遗址开展了更为深入的发掘研究。随着发掘的深入进行，在仰韶遗址中埋藏的一件件古老的文物得以重见天日。考古队员们不仅发现了红底黑彩和深红彩的小碗、陶罐、小口尖底瓶，还找到了龙山时期的压印方格纹灰陶和磨光黑陶等物品。这次的发掘工作虽然取得了很好的成绩，但却并没有停止人们对仰韶文化的探究。1981年，又开展了第三次关于仰韶文化的发掘工作。

三次针对仰韶文化遗址的发掘和研究，让人们找到了仰韶文化和龙山文化的内在联系，并搞清了四个不同发展阶段地层的叠压关系。

随着河南渑池仰韶遗址的发现，考古人员又陆陆续续地在黄河流域发现了很多与仰韶遗址具有类似文化特征的新石器时期文化遗迹，这些遗迹距今都有5000到7000年的历史，也就是说它们都属于中国新石器时代的彩陶文化，于是这些文化遗迹也都被归入了仰韶文化中。

通过挖掘得到的仰韶文化遗物，和对仰韶文化遗址地区的人文地理研究，考古学家们推断出了仰韶文化远古先民们的生活状态。

据推断，远古时期的仰韶先民们原本都过着穴居野人的生活，但是人口增加的压力让他们不得不离

中外考古大揭秘

开世代居住的洞穴，走向平原和丘陵，最后他们定居在了拥有水源、利于灌溉，且土地肥沃的黄河流域。这些远古先民们依靠着自己的聪明和智慧掌握了耕种技术，且大量种植粟类作物，这从考古队员们在西安半坡发现粟和在下孟村、北首岭、泉护村、王湾等地发现的粟壳，以及在临潼姜寨发现的黍就能得到证明。

石雕

虽然仰韶人的农业越来越发达，但是那时的先民们还是十分弱小，无法抵抗自然灾害，所以狩猎和捕鱼也是他们不可缺少的生存方式之一。在很多仰韶遗址中都出土了动物的骨骼化石，其中甚至有鸟类的骨骼化石，这说明仰韶先民们已经拥有了更加先进的捕猎工具和捕猎技巧，从而使他们的收获越来越丰富，间接地促成了畜牧业的发展。

物质生活的丰富让仰韶先民们拥有了告别流浪生活的基础，他们开始修建房屋并丰富自己的生活，所以著名的仰韶彩陶问世了。

仰韶彩陶不仅做工精致，而且上面还绘制着多姿多彩的纹饰和先民们的工作生活场景，它的艺术价值无法用金钱衡量，它所展现出来的光辉灿烂的文明被世人所瞩目。因此它理所当然地成为了仰韶文化的特殊标志，向世人展现着仰韶先民们的智慧和浪漫。

仰韶文化的出现打破了"中华文化西来说"的谬论，说明中国在阶级社会之前便已存在着十分发达的新石器时代文明，这一发现直接将中国的考古学研究领域扩大了数倍，对于旧石器时代、青铜器时代、铁器时代文明的研究也都可以以仰韶文化为依据进行研究和探讨。1961年，仰韶文化遗址因为其突出的考古学价值和历史意义被国务院正式认定为第一批全国重点文物单位，受到国家的保护。

彩陶双联壶

Part1 第一章

迷人的红山文化

第一章 远古的奥秘

> 美玉藏于土中，但它不会消亡，只等破土而出的一天，重现它往昔璀璨的光华，便犹如红山文化一般，为世人带来惊喜。

红山文化的发现，也犹如每一个隐秘的宝藏一样，存在着必然之中的偶然性，但是这个宝藏被发掘的过程却更加曲折坎坷。

1906年，日本考古学者鸟居龙藏来到了中国，受聘于当时的蒙古喀拉沁王府。鸟居龙藏热衷于考古，并深深地被中华大地悠久的历史和灿烂的文明所吸引。他深信，在这片美丽的土地上一定保存着人类古老的文明遗迹。鸟居龙藏在赤峰红山附近不停地寻找着，这里曾经是鲜卑族繁衍生息的乐土，也是契丹族征战四方之地。在这里，他发现了一些远古的陶片，从而悄悄掀开了红山文化隐秘的一角，但这也只是小小的一角，还远远无法窥探到这个伟大文明的轮廓。红山文化还是静静地躺在地下，任凭时间流逝，无声地等待着人们去发现。

在随后的日子里，法国学者桑志华曾经来过，他在这里找到了不少史前文物的标本。而后中国著名的考古学家梁思永也曾经来过，他在这里发掘了一些新石器时期的陶片和石器。再后来，日本侵略者为了达到分裂中国的目的也来到了

❖ 红山文化时期黄玉"太阳神"

中外考古大揭秘

知识小链接

红山文化距今有五六千年的历史，以辽河支流西拉沐沦河、大凌河、老哈河为中心，分布在周围20多万平方千米的土地上。红山文化一直绵延了2000年，它存在于母系氏族社会的鼎盛时期，当时的社会结构主要是以女性为中心组成的部落集群，红山文化晚期，社会形态逐渐向父系氏族社会过渡。

这里，但他们没有找到内蒙古不属于中国的证据，反而寻找到了属于中国的青铜器。

红山文化的神秘面纱在被一点点地拉开，直到1983年的一天，它终于向人们展现了它绝美的容颜。

那一天，一群在北梁山考古的工作人员收工了，大家轻松地说着话，准备回到驻地，但是一个名叫赵文彦的队员突然想上厕所，但是山里的条件十分艰苦，没有厕所，所以他就走到了一个隐蔽的沟壑边，就在这时，旁边泥土中一个红色的东西引起了他的注意。

作为一名考古工作者，他早就养成了职业习惯，于是下意识地捡起了那个东西一看，居然是一块捏成人耳状的泥塑。

既然有了泥塑的人耳，那应该还会有其他部分的泥塑，考古队员们怀着惊喜的心情努力寻找，终于又找到了泥塑的人鼻、手臂、乳房和一些造型怪异的陶器。

搜索的范围还在不断扩大，就在山坡的东边，考古队员们终于发现了一座土木结构的古代建筑，这座建筑由多个房间组成，看样子应该是一座祭祀用的神庙。考古队员们在神庙主室的西侧发现了一个巨大的泥块，经过处理后发现，这是一个女性的头部塑像，它和考古队员们一开始找到的泥塑残块是一体的，组合后一个女性的容貌便展现了出来，很显然，这位女性便是神庙内供奉的神祇。按照推测，红山文化存在于公元前4000年到公元前3000年间，正是属于母系氏族社会时期，因此

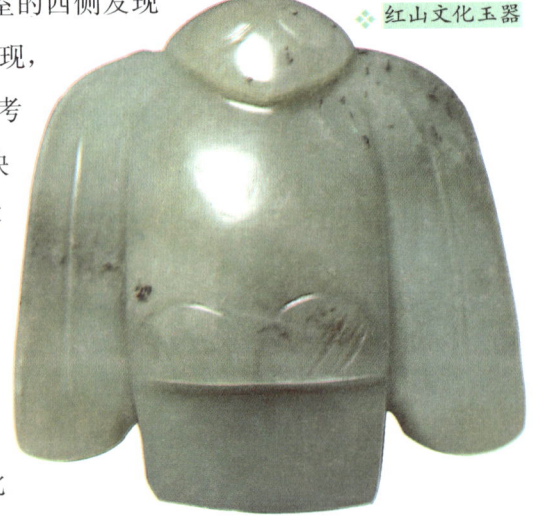

❖ 红山文化玉器

有女神崇拜十分正常。

红山文化发掘出的女性神祇五官比例合理，神情生动自然，代表了史前艺术的很高水准，也展现了我们远古祖先的形象，对寻找中华文明的根源和宗教文化的研究都有着极其深远的影响。除了这个较为完整的头像外，红山地区还出土了大大小小的众多女神像，其中最大的足有真人的三倍大，小的也和真人一般大小，这些塑像都可算是杰出的艺术作品了。

❖ 红山文化遗址

除了那些惟妙惟肖的神祇塑像外，在红山遗址中还出土了为数众多的精美玉器，这些玉器造型多变，有饰品、器物、动物、人物，还有工具等，其中玉蝉、玉鱼、玉蛙、玉龟、玉兔、玉蛇，玉蜻蜓、玉鸟、玉鹰、玉蝙蝠、玉鸽等动物造型的玉器最多，但红山玉器中最出名的还要数被誉为"中华第一龙"的C形玉雕龙。

❖ 红山文化玉器

关于C形玉雕龙的问世，也有一段曲折离奇的故事。那还是在1971年的一天，当地的一户名叫张凤祥的农民，正在整理自家的梯田，他在无意中发现田里有个铁钩似的东西，那东西灰不溜秋的，一点也不起眼。于是他把"铁钩"捡回去扔给了六七岁的小弟弟玩。张凤祥的弟弟挺喜欢这个土里土气的"铁钩子"，于是就用根绳子拴着它来回拖动，几天

❖ 红山文化玉器

中外考古大揭秘

过去了，谁也没注意"铁钩子"正在悄然间一点点地发生着变化。

一天，张凤祥无意中又看到了被弟弟拖在地上的"铁钩子"，没想到"铁钩子"在与地面的摩擦中竟然显出了莹润的光亮，这哪里是什么"铁钩子"，分明是一件玉器啊！于是张凤祥便兴冲冲地将这件玉器带去了翁牛特旗文化馆，文化馆以 30 元的价格收购了这件玉器，而后它又进入了中国国家博物馆。

C 形玉雕龙是我国目前发现的体积最大的龙形玉雕，它让中华民族的文明历史至少又向前推进了 1000 年。

C 形玉雕龙发现之后，考古人员又在牛河梁地区发现了早期的龙形玉器"玉猪龙"，"玉猪龙"身体弯曲，头尾相连，猪首龙身，肥头大耳，短平的鼻子上还有细小的皱纹，它也是当时人们身份和地位的象征。

红山玉器是红山文化的重要标志之一，它的名声之大，甚至已经超过了红山文化本身。这些玉器之精美，让人很难相信它们竟然都是出自于那些愚昧无知的原始先民之手，同时也让我们从另一个侧面认识到了古人的智慧和他们对美的追求。

红山文化玉器

红山文化玉器

红山文化玉器

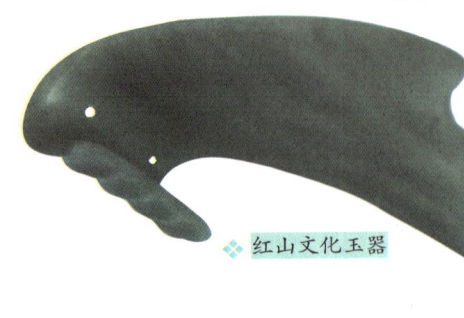

Part1 第一章

中国北方的农耕文明——半坡文化

第一章 远古的奥秘

> 新石器时代中期的半坡文化遗址坐落在黄河之滨，秦岭之侧，它是距今6000年的文明，也是黄河流域最大的母系氏族村落遗址。

1952年，当西安半坡文化遗址被发现后便引起了人们的重视，随后在1954年到1957年间，中国科学院考古研究所派出了近200人的考古队，先后对半坡文化遗址进行了五次发掘。

半坡文化遗址南依白鹿原，北靠辽阔的平原，在亚热带气候条件下，该地的气候温暖舒适，是人类生存的绝佳环境，同时也非常适宜发展农业，在遗址中就发现了盛粟的罐子和一些粟腐朽后的残留。由于浐河就从平原后方流过，因此半坡人发展渔猎似乎也是合情合理的行为。在考古人员的挖掘中，发现了大批的生产工具，有猎具、炊具、食具和纺织具，当然也发现了渔具，这就证实了半坡人不仅从事纺织和农耕等传统劳作，同时也开展了采集、渔猎等活动，而且他们当时已经学会了使用弓箭，并驯养了狗来帮助捕猎。

在半坡遗址中考古队员们还找到了46座已经破损严重的建筑，从建筑残存的部分上还能够看出它们当初的轮廓。半坡人刚从山洞中搬出时，他们的居所都是半穴式的，一半位于地下，一半位于地上，这样的建筑既潮湿又低矮，居住起来十分不方便。于是在后期，半坡人学会了在地面上砌墙，并用木头作为房

❖ 半坡文化

顶的支撑，建起了顶面倾斜，与现代传统房屋十分相似的居所，这也是人类向着文明发展的一大进步。

半坡村落在当时的人类社会，已经算得上是相当有规模的一个村落了，人口大约有400到600人，村落被分割成了三大部分，有制陶区、墓地和居民区。在村落的中心有一座面积约为160平方米的大屋，它居中而立，前方还有一大片广场，这里就是整个村落的中心建筑，也是一所公共建筑，村中的首领和老人幼儿都生活在这里，当村里需要集会的时候，这里又会成为大家集会的场地。

◆ 带流器

在公共建筑四周，林林总总的小房子向着四周辐射开来，小房子的门都朝向公共建筑，其分布和布局都暗含着一定的规矩。这些小房子的居住者都是些可以拥有婚姻生活的妇女和一些不定期来访的其他氏族的男子，当然也有关系比较稳定的男女住在一起。由于当时还处在母系氏族社会，因此女性成为了血缘联系的纽带，村里的孩子都只知道有母，而不知其父。

半坡人的村落有专门的制陶区，由此可见他们的制陶工艺相当发达，在半坡遗址中，考古人员发现了6座陶窑，其中4座是横穴，2座是竖穴，陶片也发现了50多万片，这在所有出土文物中占了八成的份额。这些陶器中有1000多件是完整的，或者是能够被复原出来的。半坡陶器主要分三大类，一种是吹奏乐器——埙，一种是利用重心原理的汲水工具——尖底陶瓶，一种是烹煮器——陶甑。通过完整的陶器，考古专家们分析出了半坡人的制陶工艺。

半坡人在当时已经学会了模制法和泥条盘筑法，并且在半坡时代后期还学

知识小链接

人面鱼纹盆是新石器时期的彩陶精品，它以红黑赭白等颜色绘制后烧造而成，色彩历久弥新，在人面鱼纹盆的内壁上，用黑彩绘制出了两组对称的人面鱼纹纹饰。人面的眼睛细而平直，鼻子挺直，神态自然安详，嘴旁分别画着两个变形的鱼纹图案，两耳旁边也绘制有两条小鱼，形成了一幅奇特的画面。

会了用慢轮修整法来调整陶器的器口和器形，让制作出来的陶器更加规范美观，有的陶器上还被刻画了符号，据推测这些可能是某种原始的文字。

半坡人的制陶工艺还不止于此，他们还制造出了举世闻名的半坡彩陶。

半坡人在自己制造的彩陶上绘制图案，有的画在肩、腹和口部，有的画在口缘和外壁外侧，还有的则画在陶器的内壁上，这些被绘于陶器上的图案各种各样，但大体可分为两种，一种是比较具象的图画，如正在奔跑的小鹿、张着嘴的鱼，还有一些植物的形象。这些都是当时人们生活中常见的东西。第二种图案就比较抽象了，有三角形、编织纹、方格等，图案清晰，笔画流畅，这些几何图案很可能是由那些具象的动植物图案演化而来的写意画法。

在半坡彩陶中，鱼类纹饰出现最多，也是最具有代表性的一种纹饰，另外人面纹也在半坡彩陶中独具特色。

在甘肃省的正宁县宫家川出土了一种葫芦形的陶瓶，陶瓶上的人面纹獠牙狰狞，两眼圆瞪，十分凶恶。其他的还有人面鱼纹盆和人面网纹盆，这些彩陶的人面纹饰都十分相似，且都绘于陶盆的内壁，人面图案的彩陶盆现在已经成为半坡文化的典型标记之一。

随着考古队的发掘，庞大的半坡文化遗址逐渐露出了全貌，遗址总面积约为 50,000 平方米，大量出土的古人遗迹，

❖ 陶甑

❖ 甘肃半坡遗址出土的陶碗

第一章 远古的奥秘

037

❖ 刀石

为考古学家推测半坡人的生产生活情节提供了很好的素材,根据这些素材,我们眼前就展现出了这样一幕幕画面:

半坡人迁徙到了水草丰美、土地肥沃的黄河中游,并在这里定居下来,并为自己建造房屋,躲避风雨。当春天来临的时候,他们砍树拓荒,开垦土地,在肥沃的大地上种下希望的种子,还用自己的聪明才智制造陶器,丰富生活;当秋天来临,庄稼丰收之际,人们欢笑着用石镰或陶镰收割回一年的劳动成果,把它们储存入自己的窖穴中。男人们在干完了农活后还能带上猎犬,拿上武器去打猎,为一家人的饭桌上加上几道野味或者鲜美的鱼虾大餐。女人们则会到附近采集野果和可以食用的植物,或者用制作精美的尖底瓶去打水。

这是多么美好而安宁的生活画面啊,也正是在这样富足而安宁的生活中,我们的先祖才能创造出如此辉煌灿烂的文明。

❖ 鱼纹盆

Part1 第一章

大汶口文化——最初的贫富分化

第一章 远古的奥秘

> 大汶口文化距今已有6300多年的历史，其上承仰韶文化，下启龙山文化，已经开始出现了贫富分化与私有制。

大汶口文化的出现带给了世界巨大的冲击，它让人们将对史前文化的考古中心从中原地带转向了山东。在对大汶口文化的发掘中，人们发现了一个又一个不可思议的现象，在那样的一个远古时代，大汶口文明居然就已经出现了贫富分化和私有制，可以说它已经形成了最原始的"阶级社会"。

1959年，当时京沪铁路山东段正好修到了泰安市的大汶口镇上。就在紧张的施工中，一个意外发生了，导致施工不得不被迫停止下来。

原来，有人从铁路施工的工地上挖出了大量的古代陶器残片，这个消息马上得到了工地领导的重视，并将消息报告了上去，很快，考古人员就到了工地上进行实地勘测。

果不其然，在考古人员的认真勘测下发现，这里确实存在着一处新石器时期的古文化遗

知识小链接

粟，是一种粮食，米粒小，只有2毫米左右，因此也叫小米，在我国古时候被称为稷或粟，在我国北方也叫作谷子。粟原产于我国北方的黄河流域，是我国古代先民的主要粮食作物，因此，夏代和商代都属于"粟文化"。粟的品种繁多，且耐旱，我国最早的酒也是用粟酿造的。粟适宜生长在干旱地区，其茎、叶都比较坚硬，能够作为饲料。

❖ 大汶口文化——兽形灰陶鬶

039

中外考古大揭秘

迹。为了更好地发掘这处遗迹，考古人员制定了一个详细缜密的发掘方案，准备开展大规模的专业发掘。

❖ 大汶口红陶

大汶口文化遗址的发掘工作轰轰烈烈地开始了。随即，考古队员们在周围5000多平方米的土地上发掘出了众多的墓葬群、窑址和屋舍。虽然被发掘出来的多为墓地，但出土的文物却非常多，足有2000多件陪葬品被挖掘了出来。

对大汶口文化遗址的发掘先后又进行了两次，这三次的大规模考古发掘让考古专家们初步将大汶口遗址的范围确定为东至宁阳县的堡头村，西北至汶河北岸的卫家庄，东北至大汶口镇82.5万平方米的范围内。这一范围包含了大汶口文化从6100年到4600年前发展的各个阶段，但这一地域也并不准确，因为大汶口文化的分布十分广阔，影响异常深远。在此后，考古人员在古黄河三角洲附近也发现了200多处与大汶口文化近似的远古遗迹。

在大汶口文化时期，手工业经济得到了长足的发展，手工业水平也越来

❖ 大汶口发掘现场

越高。制陶业、玉石制造业都从农业生产中分离了出来，成为了一个独立的经济项目。

从大汶口文明出土的陶器中可以看出，在大汶口文化的初期，他们制作的陶器多为罐、钵、盆、杯、鼎、大口尊、觚形器等一些造型简单的器皿。随着制陶技术的发展，到了大汶口文化的中期，人们已经学会了使用轮制技术来制造陶器。于是在出土的陶器中便能看到少量的轮制小件器物，陶器的种类也开始增多，甚至出现了背壶和实足鬶等器物，直至大汶口文化的晚期，人们便已经可以使用快轮来生产大件陶器了，并且他们改进了制陶的原料，在陶器中出现了白陶和黑陶这些对制作水平要求较高的陶器。

❖ 大汶口红陶

❖ 大汶口发掘现场

白陶和黑陶作为大汶口文化的一个典型标志，自然有其独特性。

白陶分为泥质和夹砂两种，通常有白色、黄色或粉红色等颜色，烧制白陶的原料来自于高岭土，也叫作柑子土。在制好陶胚后要经过1200摄氏度的高温烧制才能成器，是一种胎壁薄而均匀、质地坚硬、色泽亮丽的器皿。

通过大汶口文明陶器的演变，我们可以看出，大汶口人对艺术和美的追求正在不断提高，这样的追求也同样体现在他们自己身上。

大汶口文化的先民们在当时流行将枕骨人工变形，以符合当时独特的审美观，而且他们还有在青春期拔牙的习惯，这种拔牙的习惯以大汶口为发祥地，一直流

❖ 大汶口红陶

中外考古大揭秘

传到古代中国的东方和南方，直至南北朝时期仍有延续。大汶口先民们还喜欢口含陶球或者石球，用来使口腔内部发生变形，以便使脑袋变扁，在王因和大墩子墓中发掘出的尸骨上就发现了这种颌骨变形的情况。虽然这样的人工整形手术让现代人想来有些匪夷所思，但在当时确实代表了一种审美取向。

❖ 大汶口红陶

大汶口先民们对美的追求很可能源自于他们生活物资的逐渐丰富。大汶口先民们在当时主要从事农耕生产，种植粟，并在农业劳动中大量使用磨制精良的刀、斧、铲等工具，另外还制作了收割工具骨镰和加工工具石杵，随后又制作了肩石铲、鹿角锄和石镐等工具。生产工具的改进大大降低了劳动力的浪费，也增加了农作物的产量。在三里河遗址的一个窖穴中，考古队员们就发现了1立方米的朽粟。由此可见，当时的粮食产量还是相当可观的。

除了种植业，大汶口先民们还发展了饲养业，从先民们的墓葬中就能看出当时的饲养业十分发达，在随葬的牲畜中有三分之一为猪，可见在当时，养猪在各部族之间已经是很普遍的事情了，另外他们还饲养了牛、狗、鸡等家畜家禽。

物资的逐渐丰富和手工业的蓬勃发展都说明了大汶口时期已经具备了一定的经济水平，人们开始有了闲暇和精力去追求美丽，并且随着剩余产品的出现，私有制也悄悄兴起，从而造成了贫富的分化。

❖ 大汶口红陶

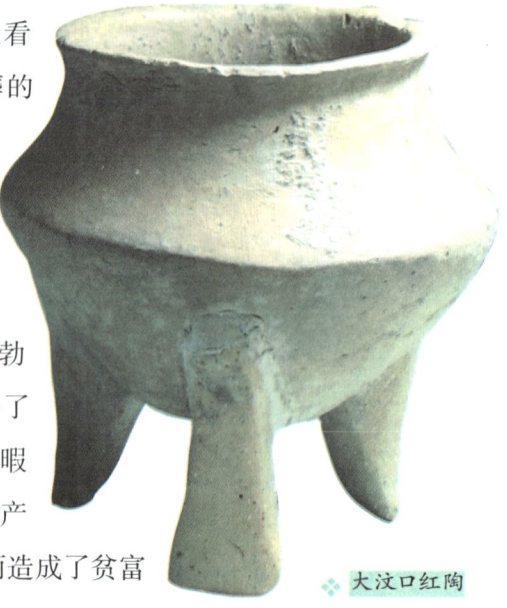

第一章 远古的奥秘

贫富的分化在大汶口文化的初期也许并不明显,但是到了大汶口文化晚期的时候,贫富就愈加显得悬殊起来。从考古学家们发现的墓葬来看,当时的墓葬有大有小,陪葬品有多有少,有的墓穴光墓室就有好几个,陪葬品多达几十件,甚至上百件,而有的墓穴却一件陪葬品也找不到。因此,我们可以判断出,人类最初的贫富分化正是从那时开始的,大汶口文化可以算得上是最原始的"阶级社会"了。

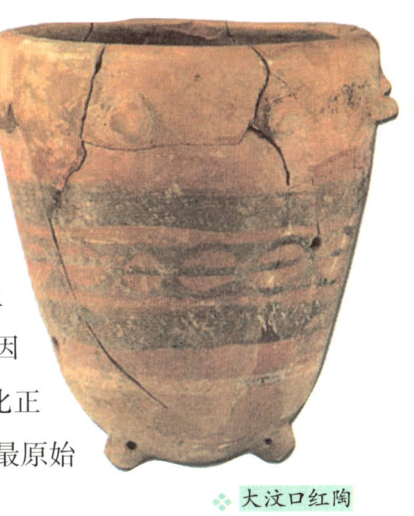

❖ 大汶口红陶

Part1 第一章

迎风逐浪的先民

> 海洋，充满了神秘和危险，我们的祖先是否也曾探寻过海洋的奥秘？一柄出现在希腊克里特岛的史前手斧将会告诉我们答案。

2008年之前，一队考察团曾登上了希腊的克里特岛，他们在克里特岛的峡谷中进行考察，想要寻找到古代的文物，以证明在11,000年前就曾经有人类航海来到过这里。但是普罗维登斯学院的考古学家托马斯·斯特拉瑟和他的队友的一个意外发现，却揭开了一个让所有人都感到无比震撼的秘密，这个发现就是一柄制作简单而粗糙的手斧。这柄手斧是采用当地的石英鹅卵石制成，只有13厘米长。为什么一柄小小的手斧就能带给人这么大的震撼呢？那是因为这柄手斧和在大陆上发现的17.5万年前的人类祖先使用过的手斧极其相似，而克里特岛在长达500万年的时间里根本没有土地与大陆相通，它是被海洋所包围着的。因此我们可以判断出，这柄手斧是由远古的先民跨越了海洋带到了克里特岛，这个时间比人们曾经预期的要提前了10万年。

这个结论听起来十分不可思议，在现代人的想象中，远古的先民们不可能有那样的智慧和能力可以制造出能在大海中航行的船只，更不可能依靠着简陋的设备穿越大海。但事实上，他们真的做到了，

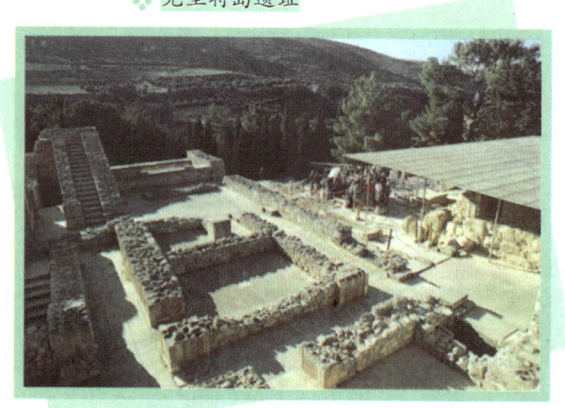

❖ 克里特岛遗址

❖ 克里特岛

这说明，我们先民的行为有时候会出乎我们的意料之外，让人惊讶。

在发掘克里特岛的过程中，考察队员们还发现了不少新的线索，在克里特岛的西南海岸九个不同地方的沉积岩中，人们又发掘出30柄手斧和一些古老的石制工具，而那些在海崖洞穴中的部分工具也许早就腐烂，变成了远古海滩的沉积物。

岁月如梭，沧海桑田，远古海滩的岩石在地壳运动中形成了天然的梯田，考察队员通过放射性碳测定技术发现，带有石头工具的最古老的梯田至少已经有13万年的历史了。而与手斧相关的，最晚形成的梯田至今也有45,000年的历史。这个发现再一次证实，早期先民航海穿越地中海的时间确实比我们预料的提早了10万年。

有人说，这些在海岛中出现的先民也许只是在海中迷失了方向，而被海浪带到了这里，他们的行为称不上有目的性的航海探索。但事实胜于雄辩，考古学的线索和科学的分析总能为我们找到最真实的答案。

考古队员们从九个不同的方位上找到了几百个石头工具，很显然，有很多先民曾经航海来到了这里。而就算是想从地中海到达最近的克里特岛，人们还需要从希腊或土耳其出发，并开辟出3条19道39千米长的不同水路才行。如果古代的先民们想要从非洲出发，那么他们至少要在大海上航行200千米才能到达。所以，这么多的先民都到达了这里，就足以说明，他们绝不是偶然被海浪卷袭而来，而是为了生存，有目的地航海到此的。

知识小链接

在希腊以南130千米的地中海上，有一座美丽的岛屿——克里特岛，克里特岛是希腊最大的岛屿，也是地中海的第五大岛屿，它东西长260千米，南北长50千米，岛上有三座超过2000米的大山。克里特岛是古代爱琴文化的发源地，岛的四周环绕着碧蓝的海水，气候宜人，瓜果遍地，素有"海上花园"之美誉。

第一章 远古的奥秘

045

中外考古大揭秘

克里特岛的考古发现还给以前的考古理论带来了新的挑战，考古学家曾经推断远古先民们是从非洲迁徙而来，他们赤脚向东行进，穿越了西奈山而后穿越中东，但克里特岛的远古遗址则告诉人们，也许还有另一条路可以到达相同的目的地。如果远古先民已经跨越了地中海，说明他们一定跨越了红海或亚丁湾，那么欧亚大陆的先民就不一定是通过近东，经由陆路进入印度的。

❖ 西奈山

考古学证据显示，5万年前，除了智人，还没有任何大型动物能够跨越宽广的海洋。从东南亚大陆前往澳大利亚，即便是现代人要完成这一航行，也必须要跨越60万米，途经10多个海峡和为数众多、星罗棋布的岛屿才能到达，而远古的先民很可能是将竹子捆绑成简单的小船来完成这一航海壮举的。而在西班牙发现的远古先民遗骸和他们所使用的石头工具表明，远古先民的航海史至少可追溯至100万年前。在远古时期，古代先民们很有可能就是从摩洛哥跨越了直布罗陀海峡，这段距离虽然不远，却充满了危机。

❖ 亚丁湾

海洋的广阔与恐怖尽人皆知，拥有高科技与先进航海技术的现代人出海尚且心怀畏惧，那么我们人类远古祖先的遗迹为何会出现在曾经被海洋包围的克里特岛上？远古先民们又为何要冒险出海？是为了生存，还是为了满足自己对未知的渴望？

现在的我们无从知晓先民们的想法，我们只能跟随着考古学家的脚步，从那些被时间掩埋的史前遗迹中窥探到一点点先民们迎风逐浪的足迹。

第二章
历史上的未解之谜

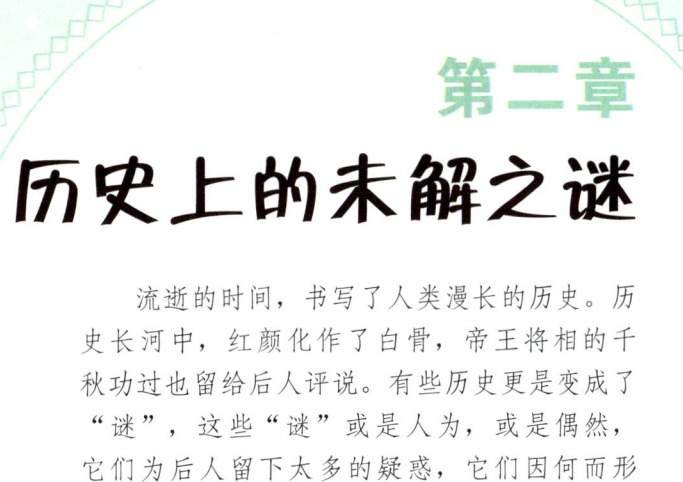

流逝的时间,书写了人类漫长的历史。历史长河中,红颜化作了白骨,帝王将相的千秋功过也留给后人评说。有些历史更是变成了"谜",这些"谜"或是人为,或是偶然,它们为后人留下太多的疑惑,它们因何而形成?为何而存在?如何才能解开?人们对这些"谜"百思不解,却又忍不住苦苦思索,现在就让我们一起来领略一下这些历史之"谜"的魅力吧。

中外考古大揭秘

Part2 第二章

海底古瓷上的现代简体字

在清代，景德镇的瓷器远销海外，可神奇的是，在一艘沉没于300年前的清代海船上，人们竟然发现了简体汉字。

❖ 景德镇瓷器

很多人都知道中国古代的丝绸之路，它起于长安，连接了亚、非、欧，是我国古代的一条商贸之路。但可能很少有人知道，在海上，其实也存在着一条"丝绸之路"。

❖ 景德镇瓷器

"海上丝绸之路"早在秦汉之时就已出现了，唐宋时的海上贸易最为繁盛，装满了货物的商船从广东或者福建等地的港口出发，通过海路，将数不尽的丝绸、瓷器、茶叶等货物运至东南亚、非洲、欧洲，但"海上丝绸之路"的具体路线如今已不可考，就连存在哪些港口都是个谜，不过还有一些史料记载了当时这条贸易繁荣的"海上丝绸之路"的情况。据说在这条"路"上，曾经发生过100多宗沉船事件，那么我们是不是可以通过这些沉船来寻找神秘的"海上丝绸之路"的轨迹呢？

在福建东海上，"碗礁一号"水下考古活动正在如火如荼地进行着。很快，考古人员就有了重大发现，他们在沉船的遗迹中发掘出了一个很大的青花瓷器——将军罐。这个发现令众人十分兴奋，可突然有人发现了一个奇怪的地方，在这个已经随着沉船被深埋海底 300 多年的清代器物上，居然印有"双龙"两个简体字，这种字体可是新中国成立后才出现的呀。

这到底是怎么回事呢？大大的谜团让所有人都百思不得其解。

"碗礁一号"出水的瓷器作为文物接受了专家的鉴定。福建省博物院考古研究所所长栗建安在鉴定后说，这些瓷器绝大部分都是康熙中期景德镇制造的外销瓷。在康熙年间，景德镇生产了大量的外销瓷，这些外销瓷通过福建的泉州、福州等港口，从海路销往国外。可让人奇怪的是，在发掘出的瓷器中，有一些瓷器却被鉴定是康熙早期的产物。那么另一个谜团就又出现了，为什么两种不同时期的瓷器却会出现在同一批货物中？

"碗礁一号"中发现的"谜"还不止这些，在考古人员发现的一件瓷器上，绘制了一幅骑马狩猎图，图中的人物居然是一个契丹人，这在青花瓷器上还是首次出现。在图上绘制的另一匹花马上，一位汉服女子手持一只"海东青"，也许这位汉服女子就是远嫁异域的美女王昭君了。另外，还有一只正面画着梅花的小盘，盘

❖ 景德镇瓷器

第二章 历史上的未解之谜

知识小链接

碗礁一号位于福建省东海海域的平潭碗礁附近，在 100 年前，这里曾经是一条海上航道，商船往来十分频繁。但此地的暗礁很多，不少商船在此遇难。当地人按照沉船上货物的不同，将这些海域分别命名为白糖礁、碗礁、银珠礁。国家文物局在平潭碗礁附近进行保护性考古发掘，并将之正式命名为"碗礁一号"。

❖ 景德镇瓷器

049

中外考古大揭秘

子背后也描绘着简体的"双龙"二字，也许这两个被烧入瓷底的文字是制作匠人的姓名或者只是一个没有任何意义的装饰图案。

"碗礁一号"的沉没也是个谜。有专家推测，这艘船可能是装载了货物后从景德镇行至长江出海，而后在驶往福州途中沉没的，也有些人持有不同看法，他们认为这艘船应该是在福州口岸装上了货物，然后行至碗礁海域，在等待其他船只集结，共同远洋期间遇难的。关于船只遇难的说法没有定论，至于它是否是"海上丝绸之路"的一员也未可知，也许它正在驶向"海上丝绸之路"，或者它已经驶上了"海上丝绸之路"，但它的沉没却将这些可能都化作了难以解开的谜，让后人苦苦思索。

❖ 如今的景德镇

Part2 第二章

千古一帝的神秘军备库

第二章 历史上的未解之谜

> 秦始皇以其强大的武力一统江山，他的军队堪称当时世界的绝代强兵，那么他皇陵中出土的神秘军备库又是怎样的呢？

深埋在秦皇陵地下宫城中2200多年的军备库陪葬坑在20世纪末终于出土了。

那是1998年底，考古工作者们在始皇陵的内、外城垣之间发现了一个规模宏大的陪葬坑。

这座大型陪葬坑的面积是迄今为止发现的始皇陵外城以内最大的一个。据专家推测，在陪葬坑内会有不少的陪葬物，估计光石制盔甲就不下千件，另外青铜车马构件、马缰索、青铜镞，以及箭头等军用装备肯定也有。按照这个陪葬坑的用途，专家将其称为秦兵马俑地下宫城军备库。

秦始皇陵的布置结构十分特殊，从目前已经出土的一些地下兵阵来看，秦皇陵的俑阵排列和指挥体系都是按照当年秦兵行军作战的实际状况，采用写实的手法布置的。因此我们完全可以推断，这座紧靠秦始皇陵的大型军备库陪葬坑也是按照当年秦军排兵布阵的要求建造的，它位于兵马俑兵阵之后，这种安排完全符合行军布阵的要求。这也从另一个侧面证明，当时的秦朝大军已经具备了专业的"后勤"保障单位，拥有了完善的保障体系。

❖ 秦始皇像

秦皇陵内这座庞大的军备库是用土木结构

051

中外考古大揭秘

搭建而成的,它的四角处各有一条长长的倾斜通道,隔墙和过洞以夯土筑成,在其地面上散落着一些石片连接物,这些不明物后经过甲胄专家白荣金先生鉴定,确认其就是秦兵的"胄",也就是头盔。军备库中发现的石质铠甲有80多套,头盔30多顶,这些石质头盔的重量大约为3千克,头盔都是由一些圆形顶片和70多个侧片串联而成的,有些头盔还在顶片中留有装饰璎珞的小孔。用来制作石盔和石胄的石片都打磨得十分光滑,石片边缘也被切割得非常整齐,其做工之细致,造型之精美,工艺之高超,堪称艺术品。因为这些铠甲和头盔都是用青灰色石灰岩片与铜条串接而成,所以被称为"铜缕石甲""铜缕石胄"。石质头盔的发现弥补了我国秦皇兵马俑无"盔"的历史空白。

> **知识小链接**
>
> 秦始皇名为嬴政,他生于赵国都城邯郸,是我国历史上最伟大的军事家、政治家、战略家,也是第一位统一中国的皇帝。秦始皇13岁继承王位,39岁登基称帝,他在位37年,建立了中央集权制度,任用三公九卿治理国事。在他统治期间,北击匈奴,南征百越,修建了举世闻名的万里长城,被明代思想家李贽誉为"千古一帝"。

秦皇陵军备库陪葬坑中出土的铠甲,主要是由前片的护胸甲和后片的护背甲组成,少数铠甲还配有保护肩膀部位的披膊甲。考古专家对秦朝的盔甲制作之精良赞叹不已,秦朝的裙甲为了灵活方便,因此采用的都是小甲片,并且甲片之间的间隙也比身甲要大得多,使人在转闪腾挪之间可以更加灵活,作战时大大减少了束缚感。秦朝的石质头盔也很人性化,它从顶部到侧片下端的长度大约有30厘米,可以一直披到肩膀部位,有效地保护了颈部和肩部,使头盔的防护作用发挥得淋漓尽致。这些秦朝甲衣和头盔的完美设计,展现了秦朝军服的力与美,不仅实用,而且美观。

秦始皇兵马俑

秦朝的军队管理十分严格，不仅队伍排列一丝不苟，整齐划一，而且就连物资的摆放也有其极高的标准，务求做到让一切都井然有序。因此，考古专家推断，这些出土的盔甲以前应该是被披挂在那些排列整齐的俑兵或木架上，只是因为长期的销蚀或者天灾等影响，才使它们掉落于地，摊散在黄土之中的。

❖ 秦始皇兵马俑

在出土的彩绘俑上，考古学家还发现了一个奇怪的现象，那就是彩绘俑的战袍颜色较为统一，而其领口和袖口则颜色很杂。据分析，这可能源自于秦朝军队的军服分为两类，外罩的军服是由国家统一发放的，而内衣和中衣则是自备，所以颜色多有不同。从出土的文物中还可以看出，兵马俑的质地与铠甲的质地有着很大的区别，铠甲的制作，不论是从材料上还是从加工工艺上看，都比兵马俑的泥质烧制工艺讲

❖ 秦始皇兵马俑

中外考古大揭秘

究许多，也更为细致。这说明，秦国军队在当时有着十分严格的等级和不同的待遇。

尤为奇怪的是，在秦陵兵马俑阵中，所有的兵俑都头束发绾，可没有一个戴着头盔，但在秦陵近侧的陪葬坑中，却出土了大量的石质头盔，在史书文献中有着这样的记录："秦朝军士勇猛强悍，冲锋陷阵，不戴头盔，飞跃奔跑，杀敌无数。"那么这种有盔不戴的现象，是为了显示勇武，还是为了机动灵活？这些谜团只能留待考古学家们的进一步考证了。

❖ 秦始皇兵马俑

秦皇的兵马俑已经让世界为之震撼，如今，规模庞大、构筑有序的秦皇陵地下宫城军备库再次震撼出场。当一副副盔甲被还原，当一个个彩绘俑被发现，都向世人展示着秦帝国的强悍勇武，和秦朝军备设施的完整与精良。在震撼人心的同时，也让人们清楚地认识到，唯有这样一个强大的国家才有可能完成六国一统的大业。

❖ 秦始皇陵

Part2 第二章

伽利略的手绘月球

> 在人类还迷茫的时候，世间就已有了先知，在人类还在敬畏天空的时候，就已经有人认清了月亮的真面目，他就是伽利略。

1608年6月，伽利略无意中听人说起一件稀奇的事，据说有一个荷兰人，他可以制作出能将物体放大的玩具，这件事引起了伽利略十分浓厚的兴趣，他根据这个玩具的原理，将一片凸镜与一片凹镜放在一起，做成了一个可以将原来的物体放大三倍的工具，他管这个叫"望远镜"。

伽利略觉得可以将物体放大三倍，这并没有什么了不起的，他通过不断改进，最终制造出了一个可以将物体放大32倍的望远镜。

知识小链接

> 伽利略是一名科学家、物理学家、哲学家、天文学家和发明家，他发明了温度计和天文望远镜，被誉为是"近代科学之父"。恩格斯曾称他为"不管有何障碍，都能不顾一切而打破旧说，创立新说的巨人之一"。伽利略反对教会的错误观点，因此遭到了教会的迫害，被判了终身监禁，但他的研究，为牛顿理论体系的建立奠定了基础。

伽利略将望远镜运用到了对天空的观测上，他看到了比以往更加美妙的宇宙星空，也开创了"望远镜天文学"的时代，因此伽利略被人们称作"望远镜天文学之父"。

1609年，伽利略在望远镜的帮助下手绘了世界上第一幅月球表面的素描像。在他的笔下，月亮被揭去了洁白无瑕的面纱，终于展现出了它凹凸不平的表面，让人们破除了几千年的传统谬误。在以后的观测中，伽利略还发现

中外考古大揭秘

了木星的卫星、土星的光环和太阳的黑子等。

1610年，伽利略将自己多年观测到的成果写成了《星空使者》一书，由此，哥白尼的"日心说"终于有了最坚实的论证。1632年，伽利略又出版了《关于托勒密和哥白尼两大世界体系的对话》一书，帮助"日心说"取得了彻底的胜利。罗马教廷为此气急败坏，不但将《关于托勒密和哥白尼两大世界体系的对话》列为禁书，还将已经年逾古稀的伽利略判处了终身监禁。

但谬论永远无法战胜真理，愚昧也挡不住科学的脚步，随着天文望远镜的流行，越来越多的人将目光对准了夜空。没有摄像仪，天文学家们就用手来描绘他们看到的天文景象，一幅幅以科学为依据的太空绘画就这样诞生了。

❖ 伽利略铜像

伽利略是历史上第一个用望远镜观测天体并将之描绘下来的人，但是由他亲手绘制的五幅月球表面水彩真迹图却丢失了。

直到四个世纪后的某一天，一位纽约艺术品经销商理查德·兰突然拿着一本书找到了意大利帕多瓦大学伽利略科学史研究中心的主席威廉·R.谢伊，当谢伊打开那本书的时候，便开始怀疑那本书的真实性，因为理查德·兰说这是一本1610年由威尼斯出版的《星空使者》最初版本。

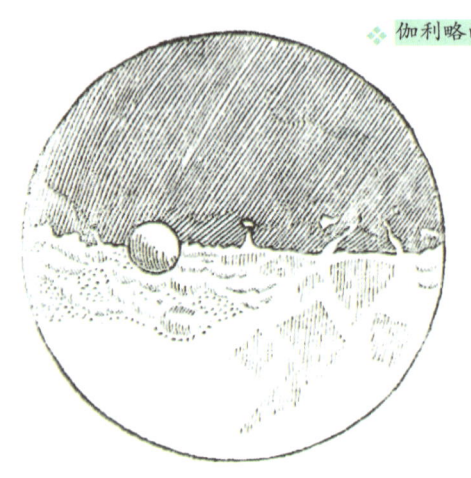

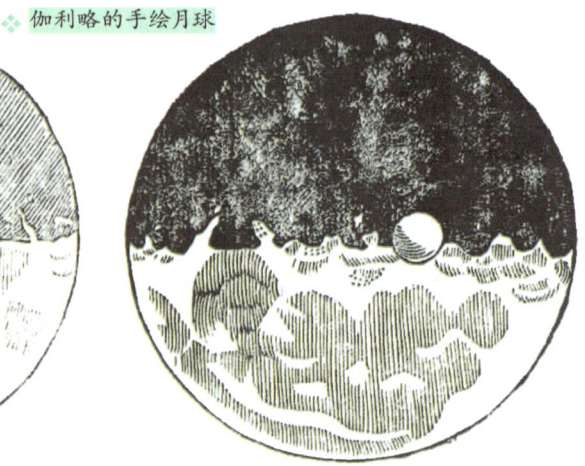

❖ 伽利略的手绘月球

理查德·兰不想透露这本书的来源，只说它是在一堆南非的艺术收藏品中被发现的。为了辨识书的真伪，谢伊和德国洪堡大学艺术史研究中心的霍斯特·布雷德坎普教授共同对这本书进行鉴定。

《星空使者》这本书已经出版了近四百年，但伽利略自己所拥有的那一本早已消失不见。布雷德坎普教授一开始也认为这本书是伪造的，但在他仔细地鉴别过后，才震惊地发现，它居然真的就是伽利略收藏的那本《星空使者》。

❖ 伽利略

布雷德坎普教授说："我当时激动得难以自持……我们知道目前已经发现了这本书初版中的大约30本，但是这一本无疑是目前最珍贵和最重要的。"谢伊教授欣喜地向世人宣布："我们的结论是确定的，这无疑是他的真迹。"在这本伽利略收藏的《星空使者》中，人们找到了五幅水彩画，它们分别被画在了书的第八页、第九页和第十页上。这五幅水彩画全都是伽利略手绘的，这些画从没在此前的任何版本中出现过。图画中月球的阳面部分绘制着环形山，阴面部分则被浅棕色和赭石色的阴影所覆盖。

伽利略是个出色的画家，他的画艺十分精湛，通过这些美妙的图画，他终于让读者们看到了他眼中浩渺的星空和深邃的宇宙。

❖ 伽利略亲手制作的望远镜

第二章 历史上的未解之谜

Part2 第二章

消失的民族

时间的长河，汇聚成华夏的历史，曾有个草原民族在历史中留下了浓墨重彩的一笔，而后却神秘地消失了，那就是契丹族。

契丹族人民向来都以好战、勇猛、凶残而著称，契丹这个名字便被译为"镔铁"，有坚固之意，象征着这个民族坚不可摧。就是这样一个民族，曾在200多年的历史中冲击中原王朝的统治，显赫一时。但之后呢？他们却莫名其妙地失踪了。是的，整整一个民族就这样无声无息地消失了，自明代以后，便再没人能听到他们的消息。

难道这个拥有数百万之众的民族已经彻底灭亡了吗？这成了一个历史之谜。

历史学家们对契丹族的突然消失给出了这样的说法：其一，在金国与蒙古战争爆发后，有一部分契丹人投靠了蒙古，他们追随蒙古大军四处作战，分散在了全国各地；其二，辽国灭亡后，大部分的漠北契丹族人不得不迁移到更远的伊朗克尔曼地区，最终被伊斯兰同化；其三，那些没有离开，依旧居住于契丹祖地的族人，为了生存而与其他民族融合在了一起，逐渐遗忘了自己的族源。

一个曾经建立了王朝的民族，一个曾经那样辉煌的民族，真的就如同水蒸气一般在阳光下蒸发得无影无踪了吗？他们是否

❖《卓歇图》

> **知识小链接**
>
> 契丹是生活在我国东北的一个民族。契丹从北魏时期开始，便生活在辽河上游一带，在唐末之时，契丹族人建立起了一个强大的地方政权，后改称为辽国。辽国先与北宋开战，在"澶渊之盟"后，两国维持了长达100多年的和平。辽国末期，随着女真族的兴起，辽帝国走向了灭亡，1125年，辽国被金国消灭，其余各部又建立了西辽王国。

还残留下了一丝痕迹？

在历史学家和考古学家的共同努力下，他们终于发现了一点蛛丝马迹。

有一个叫作达斡尔的少数民族，他们没有自己的文字，所有的历史都靠口口相传，而且他们的历史似乎很短，在清朝以前的事情便没有记述了。

有学者对比研究了达斡尔族与契丹族人之间生产、生活、宗教、习俗、历史和语言等方面的异同，在对比中人们可以发现，达斡尔人与契丹人的传统十分近似。

在达斡尔族人中，还流传着这样的传说：相传在几百年前，有一支契丹人组成的军队来到了这里，他们要在此地修建边堡，也就是一种类似长城的建筑，而后这些契丹人便在首领萨吉尔迪汉的带领下，在此定居了下来，这便是达斡尔人的祖先。

在达斡尔语中，"达斡尔"这个词可以被翻译为"原来的地方"，也就是故乡之意。也许他们正是通过这样的方式在怀念远离的故土，期望后人能回归祖地。但究竟哪里才是他们的故乡呢？他们与契丹人真的同根同源吗？这仍旧是个谜。

◆《卓歇图》叙述契丹族的可汗、阏氏和他部下于出猎后围地饮宴的情况。

Part2 第二章

郑和在哥伦布之前就发现了美洲?

一张来自 1418 年的中国古代地图,上面居然已经勾画出了美洲、非洲和欧洲的具体位置,这比哥伦布发现美洲早了 70 年。

在英国,一位已经退休的潜艇指挥官孟席斯出版了一本名为《1421:中国发现世界》的书。孟席斯这本书中指出,在哥伦布发现美洲的 70 年前,中国人就已经知道有美洲的存在了。他之所以这样说也是有根据的,他的依据就是一些绘制于 15 世纪至 16 世纪前期的地图和航海图,这些图当中所描绘的东西是当时的欧洲人还不知道的。所以,孟席斯推测,在当时的中国,能够绘制这些地图的,只有曾经七下西洋的郑和船队。

孟席斯的书还引起了另一个人的注意,他正是著名的商务律师兼地图与绘画收藏家刘钢。刘钢醉心于收藏,他在 2001 年以将近 4000 元人民币的价格从一位上海商人那里买到了一份地图,这是一张以 1418 年地图为摹本,并于 1763 年复制而成的地图。地图上有中文说明,并描画出了美洲、非洲和欧洲位置。如果这张地图被证实为真品,那么第一个发现美洲的人就应该是郑和,而不是哥伦布。

> **知识小链接**
>
> 郑和原名马三保,生于云南,在他 10 岁的时候被掳入明营,成为了一个小太监,此后他追随朱棣,并在靖难之变中立下战功,深受朱棣信任。1404 年明成祖朱棣以马姓不能登三宝殿为由,于南京亲笔御书"郑"字赐予马三保为姓,并改名为和。郑和曾经七下西洋,创造了人类历史上的一个伟大壮举。1431 年郑和被封为三宝太监。

❀ 郑和

虽然在过去的十年间，已经有很多资料都可以证明，中国人极有可能是世界上最早发现新大陆的人，但是，也有专家对这样的观点保持着怀疑的态度。他们指出，疑似郑和航海图的绘制方法和中国传统制图的方法并不相同，而且他们无法判断郑和船队是否真的曾登上过美洲的大地。

关于郑和与美洲大陆的发现始终存在着无法解开的谜团，这就有待于考古学家和历史学家们去继续求证了。如果有证据可以证明郑和才是美洲大陆的发现者，那么这将改写15世纪的人类历史。

❖ 郑和

第二章 历史上的未解之谜

中外考古大揭秘

Part2 第二章

写于 3400 年前的 "信"

> 三千多年前的人是怎样传递信息的呢？在圣城耶路撒冷，人们发现了迄今最为古老的"信"，收信人是：法老王阿肯那吞。

阿肯那吞法老是阿孟与蒂三世的儿子，他信奉"异教"，崇拜太阳神阿托恩，于是在他统治埃及期间，推倒了万神殿，并将一神论宗教引入埃及。

考古学家在耶路撒冷发现的这封寄给法老王阿肯那吞的手写"信"，只不过是耶路撒冷老城墙壁外的一块小黏土碎片。在碎片上刻有古阿卡德的楔形文字，碎块大约有2.54厘米长，它的年代可以追溯到大约3400年前。在这之前，从耶路撒冷的希洛输水隧道内也曾发现过一块书写板。据考证，这块书写板的制作年代可以追溯到公元前8世纪，也许写的正是一篇庆祝输水隧道竣工的贺文。而此次在耶路撒冷发现的黏土碎片"信件"比这块书写板足足早了600年。

希伯来大学考古研究所的学者韦恩·霍洛维茨是研究亚述学的专家，他在研究过这封"信"后表示，"信"应该是由一位书法水平很高的人书写的，他所用的书写板是事先准备好，并且专为皇室成员使用的。在"信"的碎片上还能够看出

❖ 阿肯那吞法老

知识小链接

耶路撒冷是巴勒斯坦国中部城市,也是举世闻名的古城,其居民主要是犹太人和阿拉伯人。耶路撒冷这个名字是由"城市"和"和平"两个词根组成的,意思是"和平之城"。传说在公元前10世纪,以色列的大卫王曾经以此为都城。公元7世纪,随着阿拉伯人的不断移入,它成为了阿拉伯帝国的一部分,逐步形成了现代巴勒斯坦阿拉伯人。

"你""你是""去做""以后""他们"等文字的意思。在19世纪,埃及阿马尔那的阿肯那吞档案馆中曾经发掘出380块书写板,而这封"信"件碎片应该与它们属于同一个时期。

据考古学家推断,这块"信"的碎片,很可能是耶路撒冷国王阿布比·赫巴寄出的。这说明,在当时耶路撒冷已经是一座铜器时代晚期的重要大城市了。

在阿肯那吞档案馆所保存的物品中,还能够找到其他写给阿肯那吞的书写板。据分析,这很可能是迦南和叙利亚的国王寄来的,其中有六块书写板可能是耶路撒冷的迦南统治者阿布比·赫巴书写的。这些手写板为了解当时的历史提供了重要的依据。

中外考古大揭秘

Part2 第二章

月氏与匈奴——两个马背民族的碰撞

> 月氏是我国北方的一个游牧民族,他们曾经在马背上征服了北方草原,但是另一个马背民族——匈奴,却终结了他们的辉煌。

在匈奴的不断侵略中,月氏不得不被迫离开他们生活了300年的祖地,公元前177年到公元前174年,匈奴彻底击败了月氏,月氏残部被击散,形成了大、小月氏族,而他们的踪迹,也从此彻底消失了。

在我国的《史记》和《汉书》中都对月氏有过记载。根据先秦的文献典籍记载,考古人员了解到,月氏人游牧于"敦煌祁连间",那么"祁连"又是指哪里呢?考古界对这个地方众口不一,一些人觉得"祁连"就是指东天山。

2000年夏,考古人员进入了哈密,他们在巴里坤东天山缓坡和草原地带展开了发掘。巴里坤草原是古丝绸之路的草原通道,这里雨水充沛,绿草如茵,因此也被人称之为"甘露川",是人类居住的极佳地点,也是考古队勘察的重点。

在考古人员勘察到东黑沟南缓坡附近时,他们终于找到了线索。就在那里,有三座高低起伏的土坡,形成了一个等腰三角形。难道这就是《后汉书·南匈奴传》中提到的"三龙堆"?考古人员为这一发现兴奋不已,于是,围绕着三座高台土坡展开了发掘。

考古队员们的辛苦没有白费,这次发掘,发现了几千座古代的墓葬和众多石位居址基址,还有

❖ 贵霜王朝的月氏后裔雕塑

> **知识小链接**
>
> 匈奴属于游牧民族，在汉朝时，匈奴就曾称雄中原以北，直到公元前215年才被逐出黄河河套地区。东汉分裂后，北匈奴从漠北西迁，而南匈奴则再次进入中原。在我国著名的《史记》和《汉书》等著作里，都留下了有关匈奴的记载。近代历史学家认为，中原以北的匈奴人，与来自中亚的匈人，只是民族集团，而不是同一种族群。

几千幅岩画。

考古发掘固然顺利，但是这些被发掘的遗址到底是属于谁的呢？是古月氏人的遗留，还是匈奴人祭祀中心？西北大学考古系主任王建新在参与了考察后也只表示，这里以前很可能是某个游牧民族的统治中心，但具体是哪个游牧民族，还是无法给出最终的答案。

2006年6月底，又一批考古专家来到了东天山北麓，他们在这里进行了为期两个月左右的考古发掘工作。

这一次，考古学家们将发掘的重点放在高台上。被发掘的高台共分七层，其中出土了大量的牛羊骨骼、碎陶片，以及人类尸骨，专家们判断这高台的七层，各属于不同的年代。

当高台被清理干净后，下面露出了坚硬的堆积层，让所有人都吃惊的是，在堆积层被去除后，下面竟然隐藏了一个石屋，在石屋底层里有两间木质结构的建筑，在这里发现了羊骨坑，看起来应该是一处动物墓葬。

❖ 匈奴人

像这样的动物墓葬在北方草原是十分常见的，但这个墓葬却又有些不同寻常，在它相邻的两个羊尸墓中，羊的尸骨都有七副，并且头骨的方向全都相同，这个现象实在让人匪夷所思。据分析，这里应该是一处祭祀的场所。

这次考古工作，还发掘出了15个墓葬，但是墓葬大小不一，其中小型墓葬是由片石垒砌而成，上面用细小的木棒盖棺，内里十分狭小简陋，仅可容身。在经过分析后，考古学家们判断，这些小型的墓葬距今大概有两千多年的历史，比较符合月

第二章 历史上的未解之谜

065

氏人生活的年代，而且在墓葬中发现的陶器也和春秋晚期至战国晚期之时游牧民族的陶器十分类似。而当时的匈奴人还没兴起呢，所以这些小型墓葬很有可能属于月氏人，那么那些大型的墓葬又是谁的呢？

❖ 汉绿釉匈奴人顶灯一对

带着这个疑问，考古学家们继续对大型墓葬内的遗迹进行分析。在大型墓葬内已经出现了葬具，随葬的还有铁器、铜器、武器和一些刻有精致纹牌的动物骨头以及装饰品。

大型墓葬中出土的陶器多为火候较低、无使用痕迹的明器，这些器物与在哈密地区发现的寒气沟墓地、焉布拉克墓地、艾斯克霞尔墓地和拜其尔墓出土的器物都不同，而且哈密地区的传统器形也不是动物纹金银牌饰，反而是小型墓出土的陶器以及其他器物，在器形和纹饰上比较类似，这就说明，大型墓地的主人应该不是本地的土著，他们属于一个外来的文化。

大型墓葬里还发现了用来殉葬的马，有的直接陪葬在墓圹内，有的则有单独的墓葬坑，考古队员甚至还在墓室中发现了一匹陪葬的骆驼。

大墓中的陪葬品，除了动物外还有被杀掉的人牲，这些大墓中的殉葬人和小墓内的亡者属于同一个种族，而与大墓的主人并非一族。

据史料所载，在西汉初年，匈奴势力愈发强横，他们打败了东天山地区的月氏人，霸占了这块土地。从这些史料分析，在东黑沟发掘的墓葬正体现了这种征服者与被征服者的关系，大墓内的主人为外来者，而被殉葬的人则是当地的土著，这与匈奴击败月氏的历史也比较吻合。

也许在这里葬着的，正是匈奴人和月氏人。

❖ 阿提拉的匈奴骑兵

Part2 第二章

古罗马的婴儿为何被杀

第二章 历史上的未解之谜

> 在英国泰晤士河山谷附近的泥土下埋葬着很多婴儿的尸骸，这些婴孩为何会死？是古罗马人杀了他们吗？长久以来，没有人知道答案。

1912年，考古学家阿尔弗雷德·亨奇·科克斯在伦敦西北部白金汉郡的一片农田中发现了令人惊悚的东西，那是一些小巧的骨架，这些骨架不属于任何动物，而是人类婴孩的遗骨。

科克斯的这个发现引起了当时社会的重视。

后来考古学家在这共发掘出了97具婴孩的遗骨，其中有两具遗骨被埋在了科克斯家里的地板下，还有一具被封在墙身中，剩余的遗骨大部分都被埋在一个院子里，还有小部分出现在垃圾堆附近。

为了弄清这些婴孩遗骨的来历，考古学家查看了科克斯当初所写的原始调查报告和300个装有照片、文物以及骸骨的盒子。

有了这些资料，考古学家便可以展开相应的调查研究了。调查过后，考古学家发现，这些婴孩的死亡时间不尽相同，有的婴孩是在一出生时便死亡了，但大部分婴孩还没来得及出生，便在母腹中死去了，更可怕的是，在尸骸中还发现了两岁孩子的遗骨。

考古学家确定了这些孩子是在50年中相继死亡的，数量足有150到300个之多。在这些尸骸的

❖ 古罗马

067

中外考古大揭秘

表面，考古学家没有发现任何致命的损伤。这说明了什么？一个可怕的想法让考古学家无法平静，难道这些孩子都是被人谋杀的吗？

考古学家试图为这起针对婴孩的大规模谋杀找一个合理的解释，他们猜测，这片农田在以前可能就是一间妇产医院，怀孕的女人都会来这里生产，但因为当时的生活条件极其艰苦，无法养活生下来的孩子，所以妇女们不得不故意将婴孩杀死，以得到更多的工作时间。

这个解释目前还没有得到佐证，但随着考古研究的继续，相信总有一天人们会解开这个婴孩被杀之谜，让那些不幸死去的孩子们安息。

知识小链接

泰晤士河被称作英国的母亲河。它发源于英格兰西南部，横贯英国十多座城市，最终流入北海。在泰晤士河的沿岸，布满了牛津、伊顿、亨利、温莎等名胜古迹。泰晤士河的入海口更漂泊着无数繁忙的商船，其上游的河道更是以其静态之美闻名于世。在英国历史上，泰晤士河拥有着无可替代的地位。

Part2 第二章

远古时期的女艺术家

第二章 历史上的未解之谜

> 在远古时代，女性拥有着很高的社会地位，而在她们之中也不乏伟大的艺术家，将自己的杰作留在了史前壁画上。

1922年，几个年轻人无意中发现了一个岩洞，出于好奇，他们走了进去，转眼间，他们就被画在岩洞中的那些美丽的壁画所吸引了，岩洞中的图画全部出自史前人类之手，这一发现立刻震惊了整个考古界。

经过测定，这些画在岩洞中的壁画至少有2.5万年的历史了，其中一组关于"带斑点"的马的壁画，绘制得最为精美别致，令看到的人无不赞叹不已。除了这些壁画，考古学家们还在山洞中发现了大量的人类手印，这些手印应该就是壁画创作者们的"签名"了。当时的人们普遍认为这应该是一些男性的手印，而洞里的壁画理所当然也应该是由男性绘制的，这样的看法一直延续了很久。直到有一天，斯诺教授将岩壁上的手印制成了模型，并扫描入电脑，在经过一番细致

知识小链接

在旧石器时期，原始人类主要依靠采摘野果和狩猎来获取食物。当时的人们以群居的方式居住在山洞里或树上，因此他们在山洞中留下了很多生活的印记和遗物，但在树上生活的原始人类却很难留下什么遗迹。从古代的文献中，我们还能够寻觅到远古人类树居和采集的影子。

❖ 西班牙卡斯蒂略岩洞壁画

069

中外考古大揭秘

的比对后，他终于发现，在这些手印中，有一部分是女性留下的，这就说明，在当时有女人参与到了岩洞壁画的创作中。

为了证实自己的判断，斯诺教授又去考察了拥有2.8万年历史的西班牙卡斯蒂略岩洞壁画和法国加尔加斯岩洞壁画，从这两处他都得到了相同的结论，那就是确实有女画家创作了岩洞壁画。

考古学家们这时才发现，过去人们都远远低估了女性在史前文化中的作用和地位。虽然现在还没有确凿的证据可以证明在两万年前的旧石器时代，女性艺术家究竟拥有怎样的社会地位，但是从那些岩洞壁画中我们却可以知道，她们至少在艺术创作中占据着举足轻重的位置。

❖ 西班牙卡斯蒂略岩洞壁画

Part2 第二章

古时候的橡胶制品

第二章 历史上的未解之谜

> 橡胶制品为我们的生活提供了便利，但它并不是现代人的专利，早在三千多年前，在墨西哥和中美洲就已经出现了橡胶制品。

传说中，中美洲的古人可以使用一种不知名的"带臭味的白色液体"和牵牛花藤蔓的汁液制作橡胶，牵牛花这种植物大家都很熟悉，但是"带臭味的白色液体"又是什么呢？研究人员推断，这种液体应该就是橡胶树的汁液。

在中代的美洲，牵牛花和橡胶树往往是相伴而生，它们在古中美洲的多个文明国度中都被视作神圣之物。而牵牛花因为具有置幻的特性，因而还常常被用于宗教仪式。

为了证实这种推测，研究人员从生长在墨西哥的橡胶树和牵牛花上取得一些原料，并将这些原料带回了美国的实验室。

❖ 牵牛花

在试验开始后，研究人员又发现了另一个难题，那就是，如何保存这些乳液。这些乳液的保存需要温暖的气候，它们的反应过程需要在墨西哥那样的气候环境下才会容易发生，而在开着空调的麻省理工学院实验室内是无法进行的，

❖ 刻有阿兹特克武士的石雕

071

中外考古大揭秘

混合物的分子一旦遇冷，就不会结合，于是研究人员使用了硫化的方法来处理橡胶。

硫化可以让橡浆和硫在高温下发生化学反应，从而制造出硫化橡胶。硫化橡胶不变黏，很有弹性，不易折断，现代的橡胶制品大都也是采用了这样的方法制造的。

将原料进行混合，大概只用了10分钟左右的时间，混合后的原料便生成了橡胶，5分钟以后，这些橡胶就可以变硬。而在这之间，橡胶工人们就可以利用这几分钟来为橡胶产品塑形。如此一来，一个完美的橡胶产品便被制作出来了，人们完全可以根据自己的不同需要将橡胶做成各种产品。

研究人员在试验后还得出了原料的不同配比结果，其中以1：1比例混合的牵牛花汁液和乳液制成的橡胶弹性最大，以3：1的比例混合乳液和牵牛花汁液制成的橡胶耐久性最好。研究人员试图还原古人制造橡胶的方法，企图找到古人在橡胶树的浆汁中掺入牵牛花藤蔓汁液的原因。通过实验，研究人员发现，牵牛花藤蔓汁液的加入可以使橡胶获得不同的韧性，这说明牵牛花藤蔓的汁液中一定含有某种化学成分，这种成分可以使橡胶的韧性增加。正因为这样，古代中美洲的人才能够制造出和现在"足球"十分相像的橡胶制品。

那么古人们为什么要制造出类似"足球"的橡胶制品呢？研究人员从古玛雅的文史资料中找到了答案。这些类似"足球"的橡胶制品，也是用来玩一种游戏的，这种游戏的目的是为了辟邪祈福，而游戏的输家，就

> **知识小链接**
>
> 玛雅文明是由南美洲的古印第安人所创造出的一种文明，它主要分布在危地马拉、墨西哥南部、伯利兹、巴西，以及洪都拉斯和萨尔瓦多西部等地区。玛雅文明大概形成于公元前1500年间，并在公元前400年左右建立起了早期的奴隶制国家，到3~9世纪时最为繁荣，15世纪时终于衰落下去，直至最后被西班牙殖民者摧毁。

❖ 橡胶树

是祈福的祭品，他们都将失去生命。

相比起上述用人命来进行的"足球"游戏，阿兹特克人的橡胶制品则更加实用，他们用橡胶制作成了凉鞋，曾经有西班牙的征服者见到过这样的产品，并将它记录了下来，但是这种鞋现在似乎已经消失了，没有考古学家见到过它的样子。

❖ 阿兹特克帝国首都特诺奇蒂特兰

古人的智慧总能出乎现代人的预料，不过也有专家认为，虽然阿兹特克和一些其他的古文明人类总会给现代人一种原始、野蛮的感觉，但他们所创造的文明在某种程度上却并不落后。通过考古，人们已经了解到阿兹特克所进行的冶金学和在其他科学领域的试验。这些就可以证明，古人已经具备了一定的科学探索精神，因此，他们能够制造出橡胶制品也就不足为奇了。

Part2 第二章

奇特的埃及"弯曲金字塔"

金字塔作为埃及法老的陵墓，充满了神秘诡异的传奇色彩，而一座建于4500年前的"弯曲金字塔"，则更加稀奇。

旅游业是埃及的一项重要国家收入来源，为了提高旅游收入，埃及政府开始加大开罗南部金字塔的开发力度，并决定将此作为国家可持续发展战略的一个重要组成部分。

那些准许对外开放的金字塔吸引了众多的游客，大家都对法老的安葬之处充满了好奇。其中还有一座据说是埃及第十二王朝法老阿蒙涅姆赫特三世的金字塔，在塔中人们发现了地下迷宫。而另一座让世人感到神秘的金字塔位于开罗南部80千米远，坐落在一个名叫达舒的小村庄中，那是一座高约100米的弯曲金字塔。

据一些专家推断，这座达舒弯曲金字塔中很可能就有第四王朝斯尼弗鲁法老的墓室，但这间墓室至今也没被任何人发现。尽管如此，弯曲金字塔仍然

知识小链接

斯尼弗鲁是埃及第三王朝法老胡尼之子，他开创了古埃及的第四王朝，是一位奋发有为的君王。在他执政期间，古埃及的军事和建筑艺术都得到了长足的发展。他还完成了古埃及历史上第一次真正意义上的对努比亚的征服。通过在其墓室中保留的杉木，考古学家认为，在他统治的时期，埃及已经与黎巴嫩小亚细亚地区开展了商业贸易活动。

❖ 阿蒙涅姆赫特三世金字塔入口

以其独特的造型而闻名于世。

第一眼看到这座弯曲金字塔的人，大概会觉得它就像是沙漠中矗立的一个大大的馒头，这完全打破了人们对金字塔的最初印象，人们印象中的金字塔应该拥有尖尖的塔顶，就犹如尖利的矛尖一般。

那么，到底是什么原因，使这座法老的金字塔拥有了与众不同的外貌呢？是因为法老那独特的品味吗，还是因为其中隐藏着不为人知的秘密？

对于这个问题，研究人员只能得出一个比较合理的猜测，也许在建造这座金字塔的时候，建筑师们企图用52度倾角来修建，可在修建到一半高度时，建筑师们却惶恐地发现，这个建筑如果再这样修建下去的话，那么塔身很可能就会因为无法支撑整个金字塔的重量而轰然坍塌。为了避免这样可怕的情况发生，建筑师们只好临时决定，在塔身建造到一半的高度后将角度改为43.5度。

现在就让我们一同来走入这座神秘的金字塔内部，体验一下它的神秘和沧桑。

要想进入弯曲金字塔那宽阔的拱形内殿，就必须先穿过一条大约80米长的狭窄地道，走在长长的地道中，就犹如在逆着时间而行，会让人忘记了正身处现代社会之中，仿佛能够看到历史的重影。金字塔内的各个屋舍也是由这样的地道相连，人们在其中一间内室发现了以雪松为材料制成的梁柱，而这些雪松木材在当地是

❖ 弯曲金字塔内部

❖ 阿蒙涅姆赫特三世

第二章 历史上的未解之谜

中外考古大揭秘

❖ 阿蒙涅姆霍特三世法老狮身人面石像

没有的，那么它也许来自古黎巴嫩，可算是进口货了。

金字塔内的世界，就犹如一个古老的迷宫，相同的通道，串联着一个个小室，那些走廊会给人一种步入了迷宫的感觉，仿佛你永远在同一个地方行进，没有尽头，没有出路。有些人担心迷路，甚至会请工作人员在腿上系一根绳索，否则是一定不敢轻易走进去的。

弯曲金字塔是目前仅存的几个表面平滑的金字塔之一，而且它还有与众不同的弯曲形状，这一切都使它顺理成章地成为了人们关注的焦点和研究的对象，也许在不久的未来，我们能够找到更多的线索，发现它弯曲的真正原因。

第三章
古城之传说

人类之于这个世界是那样的弱小，为了生存，人类的先民们不得不聚集在一起共同对抗残酷的自然环境。随着生产力的发展，人类学会了建造房屋，为了躲避野兽和敌人的危害，人类建造了城市，可以说城市的出现，是人类走向成熟和文明的标志之一，也是人类群居生活的高级形式。城市是人类社会化的产物，每一座城市都有着各自不同的历史和文化。

中外考古大揭秘

Part3 第三章

庞贝——火山灰下的城市

> 天地之威，人力无法抵挡，古老的庞贝城就在维苏威火山的一次爆发下毁灭了，5000多居民无一幸免，怎不叫人感叹。

那还是在公元79年8月的一天，庞贝古城中的人们像往常一样开始了一天的活动。有的人下地干活，有的人正在认真工作，年轻的男女互诉着衷肠，孩子们欢蹦乱跳地追逐打闹。所有人都以为这一天将会像以前所有的日子一样过去，而后人们会迎来新的黎明。但他们不知道的是，一场足以毁灭一切的可怕灾难正在向着他们逼近。这里所有人的命运都已注定，死神的镰刀已经架在了他们的颈项上，只等着那轻轻的一挥，收割下所有的生命。

大地开始了轻微的震颤，但这并没有引起城内2万多居民的注意，因为这样的情形并不少见，那就像维苏威火山的呼吸，没有引起早已习以为常的人们丝毫的重视。

庞贝古城的繁荣源自于维苏威火山的喷

知识小链接

维苏威火山坐落在意大利西南部那不勒斯湾东海岸，高约1281米，是一座非常危险的活火山。维苏威火山在公元79年的一次大规模喷发，摧毁了山下的庞贝古城，并使赫库兰尼姆和斯塔比亚等几个知名的海滨城市也遭到了严重的破坏，直到18世纪中叶，考古学家才将庞贝古城从数米厚的火山灰中发掘了出来。

❖ 庞贝古城

078

发，那富含矿物质的熔岩让这里的土地异常肥沃，生活在这里的人们只感受到了它的慷慨与厚赠，却从没有看到过它的残酷和疯狂。而就在此时，地底的深处，灼热的熔岩和岩浆正在激烈地翻涌。它们涌动着，挣扎着，想要寻找到一个可以喷发的出口。但火山口附近的岩石阻挡住了它们爆发的力量，于是压力在升高，大地也为这难以阻挡的力量所震动，发出了阵阵颤抖。死神已经逼近，只等着束缚被挣开的那一刻，便会疯狂地吞噬所有的一切。

　　下午一点左右，火山内的高温已经使熔岩化作了泡沫，它们叫嚣着喷射向高空，以至于在空中形成了一道气浪翻滚的泡沫柱，这正是死神镰刀出鞘前的声音。

　　随着一声巨响，被囚困在地底的熔岩和灼热的气浪终于挣脱了大地的囚笼，带着狂暴的威势冲上了 15 千米的高空。那可怕的情景，让住在海湾对面的人们惊悚不已，也因此为这一场灾难留下了难得的记录。

　　喷薄而出的熔岩在达到了最高点后再也没有了向上的动力，于是反身扑向了大地，扑向了毫无防备的庞贝古城。火山灰遮天蔽日地兜头洒下，遮蔽了天空，连太阳的光辉也无法穿透那无穷无尽的灰烬洒向人间，人们像看到了世界末日一般失去了所有抵抗的勇气，只能失声尖叫。30 分钟后，开始

❖ 庞贝古城

❖ 庞贝古城

第三章 古城之传说

中外考古大揭秘

冷却的石块被火山内强大的压力推了出来，一块块岩石以 200 千米的时速，犹如炮弹一般坠落，没有什么可以阻挡它的威力。城墙被击毁，房屋被砸塌，不幸的人们在石雨中丧生，数千人像没头苍蝇一样在大街上漫无目的地狂奔，城门口挤满了想要逃生的人群。在这个时候地位与权势都成了浮云，金钱不过是累赘，生命从没有像此时此刻显得那样平等，但企图逃跑躲避的人们却找不到一个安全的所在。

❖ 庞贝古城

火山爆发已经持续 7 个小时了，庞贝古城的街道上再也看不到一个人。浮石堵住了门口，人们被困死在屋里。凌晨一点，火山的喷发让整个山顶都好似燃烧了一般，熔岩的浪涛向山下席卷而来，超高温的火山灰和熔岩将吞噬的一切都烧成了灰烬，炙热的高温足以使人当场死亡，而尸骨则被瞬间蒸发。

在火山内聚集许久的岩浆库喷发出来，向着庞贝古城而去，这些滚烫的岩浆没能冲入庞贝城，这让庞贝城逃过了彻底毁灭的大劫。但紧随岩浆而至的毒气却在庞贝城内蔓延开来，剧毒的二氧化碳和呛人的氯化氢混合气体，让人避无可避，一些绝望的人甚至服毒自尽了。

第二天早上，维苏威火山在喷发了十多个小时后，终于发出了最后一击，数千名逃往郊外的人被汹涌的岩浆杀死在那不勒斯湾。

❖ 庞贝古城

短短的十几个小时，维苏威火山就喷发出了 100 亿吨以上的浮石、岩石和火山灰。庞贝古城便这样湮灭了，仿佛从来没有存在过一般。

1594 年，人们在挖掘水道时

无意中发现了这座被时间遗忘了长达 1500 多年的古城。通过连续数百年的考古发掘工作，人们终于揭开了庞贝古城的湮灭之谜。值得庆幸的是，火山灰在埋没了这座城市的同时，也像一个"时间胶囊"般，将它保存了下来，让人们可以看到存在于千年前的神殿、商店、街道和房舍。

❖ 庞贝古城

在发掘中，人们用石膏复原了这座城市的人们在死前最后的形象。这里有男人、女人、老人、孩子，还有一些动物，他们被火山灰包裹着，因而得以保存下最后的样子。在这些尸骨中，人们发现了一个孕妇遗骸，在她身边围绕着她的家人，似乎在最后一刻，他们仍在守护着她，和她即将来到世间的宝贝；还有一个戴满首饰的仕女遗骸躺在了一位格斗士遗骸的旁边，也许是希望这位勇猛无敌的勇士可以在最后时刻保护她；还有一具骨骸，到死都紧紧抓着手中的一袋黄金，大概在他心中，这才是他生命的全部。

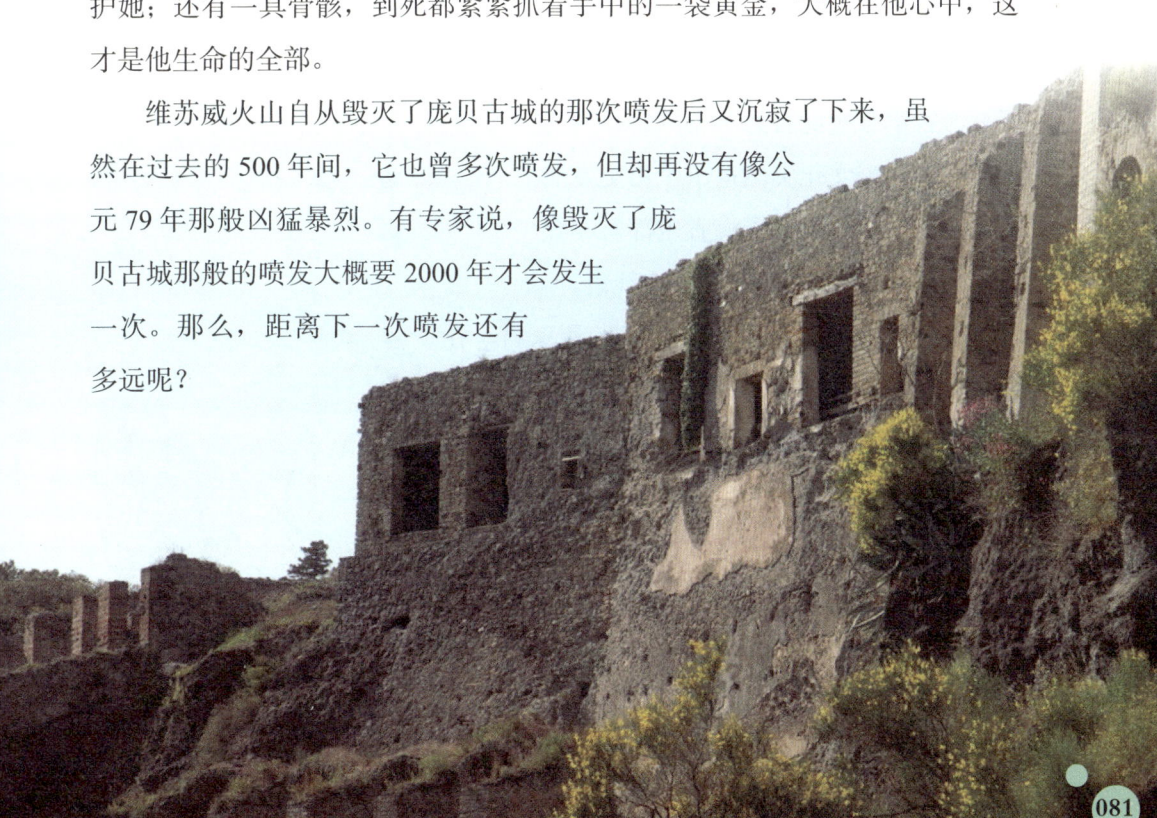

维苏威火山自从毁灭了庞贝古城的那次喷发后又沉寂了下来，虽然在过去的 500 年间，它也曾多次喷发，但却再没有像公元 79 年那般凶猛暴烈。有专家说，像毁灭了庞贝古城那般的喷发大概要 2000 年才会发生一次。那么，距离下一次喷发还有多远呢？

第三章 古城之传说

Part3 第三章

中国的"庞贝古城"

意大利庞贝古城的灾难让世人唏嘘不已,在青海省东部官亭盆地上,也曾有一个像庞贝古城一样被灾难瞬间湮灭的古老部落。

中原文化在4000多年以前就已经进入了文明时期,但在我国西北部的广大地区还相对落后,不过在这一地区也有史前文化的存在,考古学界称之为齐家文化。

齐家文化在4000多年前朝气蓬勃地活跃着,而后却匪夷所思地突然衰落了,考古学家对此百思不得其解,到底是什么使齐家文化突然退出了历史发展的舞台呢?一个位于青海省东部官亭盆地的小村子,为我们提供了一点线索。

这是一个由数百土族人组成的喇家村,在这个村子里有个奇怪的现象,不管是谁家动土,都能刨出一些古物,有的人家就将挖到的一些品相比较完好的远古陶器随意地丢在家中的院子里,还有的人家则把珍贵的圆环形玉璧扔给孩子当作滚环玩耍,他们觉得这些东西没什么大不了的,祖祖辈辈都是如此,十分正

知识小链接

齐家文化是我国黄河上游地区铜石并用时代的一种文化,它存在于公元前2000年到公元前1900年间,到目前为止,共发现了350多处遗址。齐家文化的居民种植粟等作物,使用的工具有穿孔石刀、骨铲和石镰等,他们还饲养家畜,制造陶器,并可以制造铜器,曾经出土的就有铜刀、镜、锥、指环等一类小型红铜制品和青铜器。

❖ 齐家文化古玉琮

常。可这些东西对于一个考古学家来说，都是无价的宝贝。

喇家村的发现终于引起了考古学家的重视，便在此地展开了勘探活动，于是一个秘密被揭开了，喇家村的村民们第一次知道，原来在他们这个平静祥和的村落之下，竟然还埋葬着另一个部族。

❖ 齐家松石玉璜

2004年9月，考古工作者们挖掘出了一个又一个的远古遗址，一间间被埋葬了4000多年的房子被扒开，一具具尸骨重见天日。在一间房中，考古人员发现了一个成年人的尸骨，他俯卧于地，但身下却紧紧护着一个孩子。还有两处妇女怀抱着孩子的尸骨，她们靠着墙跪在地上，双手都护住了怀里的孩子。这样的情景让人看了既感动又心酸，这是多么真挚的母子情啊！然而在后来的DNA鉴定中，考古人员却发现，那两个被怀抱着的孩子与抱着他们的女人并没有血缘关系，他们并非母子。也许这正是人性的体现，在灾难面前，人性光辉的一面愈加灿烂。

像这样感人至深的互助情景在这个被毁灭的部族中比比皆是。在被发现的一所只有10多平方米的小房子里，人们找到了14具尸骸，这些尸骸基本上都保持了他们死亡时候的样子。因此我们完全可以想象，在这间屋子里，人们死亡前最后的举动。

❖ 齐家文化古玉琮

当灾难来临的时候，一位躲在房间一角的妇女正要将三个孩子拥入怀中，而另一个大些的男

中外考古大揭秘

孩,却奋不顾身地朝他们扑了上去,企图用自己弱小的身躯护住妇女和那三个小孩。在房间的另一个角落里,一位中老年人已经经不起灾难的折磨早早地故去了,在他身边的四个年幼的孩子却还在互相搀扶着苦苦挣扎。在这间屋子里,最让考古学家们感到费解的是另一具姿态奇怪的尸骨,尸骨应该是属于一个年轻小伙子的,他在死前定格的姿态为:身体向前倾斜,两腿跨开,双手上举,似乎是想要支撑住什么,但是他所在的位置却让考古学家们充满了疑惑。按照这具年轻人的尸骨判断,他在死前应该是双脚离开了地面5厘米,而身体也远离地面约30厘米,他身体下隔着红色的土层,再下面则是一个火塘,以他这样的姿势和所处的位置来看,他死前似乎是四肢离地,悬在空中的。

❖ 齐家文化玉器

这里到底曾经发生了什么?难道是一场突如其来的灾难吗?那么又是一场怎样的灾难,才会使得这个古老的部落完全毁灭,而又是什么样的灾难,才能让那位青年的骸骨处于那样一个奇怪的位置?

根据发现的遗骸,考古学家们一一排除了诸如战争、种族屠戮、杀祭、特殊的埋葬仪式和居室墓葬的可能性,因为这些人们的死亡不太可能是由人为因素造成的,那么就只剩下了自然灾害的可能性。在自然灾害中,瘟疫是可以造成大面积人畜死亡的刽子手,但就目前得到的证据显示,瘟疫的可能性不大,于是考古专家们想到了洪水。

❖ 齐家文化玉器

其实早在发掘遗址之初,考古学家们就已经发现了这里红土沉积明显区别于本地的黄土土质。在之后的发掘中,这种洪水肆虐的痕迹又频繁出现,如果这里真的曾经发生过水灾,那么之前的某些疑问就可以得到解答了。

在那间14人殉难的大屋中,那个有着奇怪姿态的青年,他的姿态也许就是这样形成的:他在临死前跨步举手想要托起什么,此时他身下就形成了一个空白的空间,而洪水来袭,废墟中被泥浆灌满,无孔不入的泥浆也渗入了房间的边边角角,泥浆在这个青年的尸骨下流过,将他的尸骨拱向了上方,因此造成了这具尸骨奇特的状态。

❖ 齐家文化玉璧

洪水的侵袭可以解释青年尸骨的奇特现象,却无法解释人们为什么会离奇死亡,如果造成人们死亡的灾难只是洪水的话,那么不应该有那么多人在死前还留在屋子里坐以待毙。也许,在洪水来临之前,还有一场灾难在一瞬间毁灭了这里。

随着发掘工作的不断推进,考古学家们又在这里发现了地震发生时所形成的许多变形和裂缝痕迹。这说明,在洪水来临前,这里曾经经历过一场大的地震,地震摧毁了房屋,将人们困死在房间里。而后,也许也是这场地震,引发了大洪水,洪水带着滚滚的泥沙将这里湮没。

从此之后,岁月变迁,在很长一段时间里,这里都不再有人居住,直到喇家村坐落于此。

❖ 齐家文化古玉琮

中外考古大揭秘

Part1 第三章

神秘的查查波亚古城

一个文明的兴起往往预示着另一个文明的毁灭。在秘鲁，一座衰落的古城就见证了印加的兴起和查查波亚斯的消亡。

1911年，在库斯科附近的马丘比丘，一位美国历史学家发现了传说中的印加文明遗迹，从此后马丘比丘便成为了南美最著名的文化古迹之一，每年都要接待50万来自世界各地的游客，秘鲁也成为了探险家和考古学家们的乐园。

无数的探险家和考古学家来到秘鲁寻找古迹，知名探险家赫内·萨沃伊也是其中的一员。他曾经带领考古队在秘鲁北部的热带雨林中进行勘察，而后他又和自己的儿子肖恩·萨沃伊一起带队来到了这里，在这一次的探险中，他们发现了一座古城的遗迹。

这座古城占地约有101平方千米，规模宏大，由五座堡垒组成，在其中大概可以生活1万多人。

肖恩·萨沃伊作为这次探险活动的领队，详细地向人们介绍了他们的发现。据他描述说：那真是一座宏伟的城

知识小链接

秘鲁是南美洲西部的一个发展中国家，全国约有半数人口都处在贫穷之中，农业、渔业、矿业以及制造业等是其国民收入的主要来源。在哥伦布时期，秘鲁便孕育了美洲大陆上最大的一个国家——印加帝国。16世纪，西班牙殖民者征服了印加帝国，并在此建立了秘鲁总督区。

❖ 库斯科

池，拥有高达 10 米的坚固城墙，城墙上还雕刻着精美的图案以及雕塑。在城池遗址处还有墓地，其中的木乃伊保存得十分完好。

经过考古学家的考证，他们认为这是一座属于查查波亚斯文明时期的古城。查查波亚斯文明起源于 7 世纪左右，在经历过繁荣后，于 14 世纪时被兴起的印加帝国所征服，而后慢慢消亡了。

❖ 马丘比丘

肖恩的探险队还在城内发现了古代印加人的遗迹，这正好验证了印加人曾经征服查查波亚斯人的历史。

人们对于查查波亚斯文明所知甚少，只从 16 世纪到达秘鲁的西班牙殖民者的描述中才能看到一些零星的叙述。在叙述中，查查波亚斯人被描述为身材高大、勇武好战的种族。后来，人们还在秘鲁北部的雨林区发现了查查波亚斯人巨大的刻着人像的棺材。肖恩和他的探险队的这个发现，也对探究秘鲁古代文明有着十分重要的意义。

第三章 古城之传说

中外考古大揭秘

Part3 第三章

隐藏于历史迷雾中的印加古城

1911年，一位美国历史学家宾汉姆在秘鲁的热带原始森林中发现了一座被隐藏了几个世纪的印加古城——马丘比丘。

马丘比丘坐落于安第斯山脉的两座险峰之间，远远看去似乎总有一种随时会落下万丈悬崖的感觉。它周围群山环绕，只有一条道路可供进出，在发掘这座古城前，这条唯一的道路上也是杂草丛生，如今杂草和藤蔓虽然都被清除了，但要想能欣赏到古城的风貌，还要祈祷那层经常笼罩在古城四周的云雾散尽才行。不过也正是因为那层云雾的笼罩，才让马丘比丘城显得无比神秘，也因此得到了"迷雾之城"的美称。

通过对马丘比丘城所发现的木乃伊的年代测定，人们得到了马丘比丘城的建造时间，它大概兴建于15世纪中后期，建造者应为印加国王帕查库提。

印加帝国曾在秘鲁强盛一时，不过早在数百年前便已沦为西班牙的

知识小链接

印加帝国是位于美洲的一个古老帝国，它存在于11世纪至16世纪之时，其版图大约包括现在南美洲的厄瓜多尔、秘鲁、玻利维亚、哥伦比亚、阿根廷、智利一带。首都位于库斯科。印加帝国从它的缔造者曼可喀巴科开始，到它的最后一任帝王阿塔华尔帕为止，一共历经了14任，帝国的统治重心分布在南美洲的安第斯山脉。

❖ 马丘比丘

殖民地，而生活在这里的原住民也因为西班牙人带来的传染病而几乎死亡殆尽。马丘比丘古城因为早已被遗弃，所以完好地保留了下来。

这座印加古城占地广阔，分为梯田和城区两大部分，城区内有一个中央广场，上城和下城以中央广场为界区分开来，考古学家在其中发掘出了150座房屋以及一座神庙。

❖ 马丘比丘

古城是用石头建造而成的，它当初的建设者们非常独具匠心地利用了山与地面凸凹不平的走势，将古城依山而建，使这座人工的建筑物与自然环境形成了完美的结合，尤其是古城的砖石建筑，简直令人叹为观止。建筑者将一枚枚形状各异的石块用砂浆巧妙地拼合在一起，看上去浑然一体，连接缝处都不易察觉，他们还利用独特的造型方法，使之在阳光下产生出一种奇幻般的光影效果。除了砖石建筑之外，城中遍布宫殿、花园和通道。唯一让人遗憾的是，如此独特的建筑却没在历史中留下任何相关的记录，但这也是值得庆幸的，也许正是因为没有记录，且此处又经常被云雾笼罩，人迹罕至，所以城内的一切还都保留着几千年前的模样，没有遭到毁坏。

❖ 马丘比丘

第三章 古城之传说

中外考古大揭秘

这样一座精彩绝伦的印加古城的出现，完全打破了人们以前的判断，很多人都不肯相信印加人能在没有铁器、没有牲畜、没有车轮、没有知识的时代里，建造出如此伟大的建筑。于是各种猜测便出现了，有人猜测印加人得到了外星来客或者是上天之灵的帮助，才建造了这座奇迹之城；还有人将这一切的功劳都归之于印加帝国祖先的成果。

❖ 马丘比丘

当然，这一切都只是无端的猜测，至今还没有人能准确说出印加古城是如何建造的，唯有通过考古的手段，才能探寻到它的一点蛛丝马迹。

从考古学家发掘出的头骨来判断，这座古城曾经至少居住过1500人，而其中女性人口是男性人口的10倍。

为什么古城中的男女比例如此悬殊呢？在此后的考古发掘中人们发现，这座古城的建筑似乎更像是为了举行某种宗教祭祀典礼而设计的。

从史料中我们可以发现，印加人是一个崇拜多神的种族，他们为每一位神祇都修建了特定的寺庙、祭坛和拜祭仪式。他们将万物的创造者称为维纳可卡，将雷神称为伊拿帕，将地球之母称为帕卡妈妈，将太阳神称为英堤，印加人认为自己是太阳神的子孙。

以此来看，这座马丘比丘古城很可能就是一座"太

❖ 马丘比丘

阳贞女"之城。

　　印加的太阳神贞女都是献给太阳神的妻子，她们都是从王室女子中选出，一旦确定了太阳贞女的身份，便会被送到这里，过着与世隔绝的生活，直到终老，谁也不能走出这座宫殿。

　　印加人的文化充满了宗教的神秘色彩，他们的宗教活动是按照日月盈亏的规律来安排的，非常与众不同。

❖ 马丘比丘

　　在古城中，有一幢被称为太阳塔的建筑，此塔造型如马蹄，它朝东的一扇窗子非常奇特，当冬至到来的时候，它可以抓住太阳的光线。

　　还有一块神奇的石头，印加人可以用它来测定时间。这块在印加人眼中无比神圣的石头名为"英提露埃塔那"，意思为"太阳的驿站"，又被称作"拴日石"。

　　古代印加人认为这世上的一切都为太阳所赐，因此每当晨曦初现，他们就会面对雄伟的安第斯山峰，对着初升的太阳顶礼膜拜，而到了黄昏之时，他们又会依依不舍地目送太阳落下。为了能让太阳永远不落，他们便在马丘比丘建造了"太阳的驿站"，并在大石上系上一条粗绳，想要拴住太阳，让它不再落下。

　　"太阳的驿站"还是一个十分复杂的

中外考古大揭秘

天文装置。在它的石盘上，有着不同的刻度，随着太阳东升西落，位于石盘中心的小棒就会在阳光中投下长短不一的阴影，印加人正是以此来确定时间和一些重要的日期。

这些被发现的奇特建筑似乎都蕴含着某种意义，但是我们目前还无法识破，只能慢慢地探索其中的奥秘。

马丘比丘城是印加文明留在世上的印记。虽然早在西班牙殖民者入侵时起印加帝国便走向了灭亡，但马丘比丘还在，它的存在使人们永远不会忘记那个曾经强盛的古老帝国——印加帝国。

❖ 马丘比丘

❖ 马丘比丘

Part3 第三章

"米粮川"上的明代庄园

> 广东省怀集西部的平原地区，曾是古威州城属地，一座沉寂了百年的粤西最大明代庄园——武威堂，便建在这里。

怀集西部平原地区盛产粮食，在史料记载中，即为有名的"粮产区"。时值天下大乱，盗匪横行，当地的父母官为了保护子民和防范抢粮的盗匪于是采用"耕兵"制度，使威州平原迅速成为了粤、桂、湘交会处的"米粮川"。在这片"米粮川"上，一座历经了数百年沧桑的建筑默默地沉寂着，时间在它上面刻下了岁月的痕迹，也掩去了它昔日的辉煌。但它那独特的建筑艺术风格和丰富的人文内涵，以及其悠久的历史都让世人为之赞叹，这座建筑便是粤西最大的明代庄园——武威堂。

武威堂的创始人名叫石上珩，他的祖上是甘肃武威郡人，后来迁徙到了福建、广东一带，直到明朝洪武末年，才由福建汀州迁居到了怀集大岗镇。

明崇祯年间，石上珩担任了琼山府学州，而后他便创建了武威堂。

堂屋的主体建筑为五间堂屋，主堂屋沿着中轴线而建，两边各有两间辅堂屋和左右两厢堂屋。

在威武堂前门楼上刻有"扶溪村"的石匾。前门楼处盖有围墙，围墙前是一片空地，与之前的一片水塘相合，在水塘和平地的交接

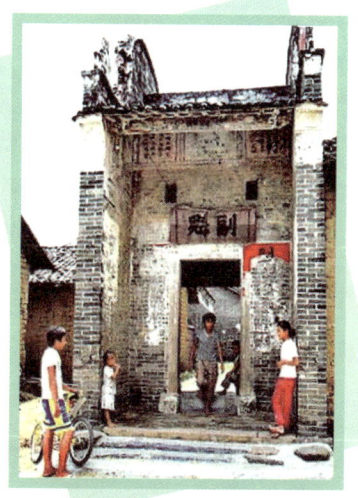

❖ "副魁"牌匾

093

处还建造了防护围墙，上有枪洞，可以便于防御外敌，前门楼以内就是前庭花园了。这里的每一间堂屋都是由门楼、前厅、天井、回廊和祖殿构成的。在主堂屋的大殿内还悬挂有"武威绵世泽，万石振家声"的牌匾，整体建筑之后设有一座三层高的小楼。

武威堂的堂屋门楼上分别悬挂有"副魁""贡元""进士"匾，这是在明崇祯年间由广西巡抚或广西提督为石上珩父子四人科考而题的，以此彰显家学渊源，功名荣耀。门楼石墩上用浮雕手法雕刻着福、禄、寿等吉祥图案，祝愿着家中的人都吉祥如意；屋内的木柱皆以塔形石墩为基。在堂屋的檐栏和内外墙楣上密布着人们随手而为的诗词和图画，处处都流露着浓厚的文化底蕴。

❖ 明崇祯帝朱由检

武威堂的建筑格局比较奇特，堂与堂、堂与厢房之间都有相通的门，而门中又有门，更以甬巷相连，巷中又有巷，层层叠叠，环环相扣，引人入胜，体现出了"四形"的格局。

除了"四形"之外，还有"三格"暗藏其中。"三格"之一为风水格。威武堂方位坐南朝北，后有白鹤山和黄帝山，前面设一水塘，取了乾卦的卦象，形成了天地人和合之格；堂屋外扶溪环绕，建筑物的中轴线正与白鹤山峰尖相对，这是依山临流的格局；楼前的圆形池塘意为"太极"，这是《易经》之精要，这样的布局使整个建筑都形成了一种人与自然的和谐

> **知识小链接**
>
> 在我国科举时代，府、州、县的生员通过考试，挑选出其中成绩优异者进入国子监读书，被称为贡生，其意为将人才贡献给皇帝。在明代有岁贡、选贡、恩贡和细贡。副魁是明代为乡试举人中成绩稍有不足的人另辟的一榜，名为副榜，榜单张贴于各省，不准贡举，到了清代之时，副榜的人也可以贡于太学，因此称为副魁。

统一。

"三格"之二为仕官格，以水塘和部分主体建筑组成了"官"字形，而堂屋又为"主"字结构布局，前门楼的造型颇似"官印"，主堂屋的天井即为印台，后楼的造型仿似"官帽"，其寓意不言自明。

❖ 武威堂

"三格"之三为文武格。一座原设在堂屋前西北角的碉楼，可称文笔，有水塘以为墨池，寓意蘸墨挥毫，文思泉涌。而堂屋前的防护墙密布枪洞，厢房为"兵营式"，并设前楼意为"值守"之意，由此而彰显"文武风威"之象。

1941年，武威堂前主堂进行了改造，工程竣工之时，也正值日本侵略者入侵之际，华夏民族陷入了深重的灾难之中，全国人民都对侵略者深恶痛绝，并坚决抗击。因此，在武威堂的前主堂墙楣之上，我们就看到了这样的词句："本堂落成，适逢中日战争四周年，当中无以为志，故特录此以共勉""军事第一""国家至上""民族至上""胜利第一"。武威堂人的气概由此可见一斑，也显出了我中华儿女的一片拳拳报国之心。

❖ "进士"牌匾

武威堂在国家危亡的战火中傲然挺立，犹如中华儿女不屈的脊梁。60年过去了，年久失修的堂屋已显得老旧，部分建筑也已有了不同程度的毁坏，但武威堂的精神却永远不会被磨灭。

中外考古大揭秘

Part3 第三章

从卫星地图上发现的古罗马别墅遗址

考古发现无处不在，有刻意的追寻，也有无意的惊喜，于是就有人可以通过一张普通的卫星地图发现一座古罗马别墅的遗址。

发现这座古罗马别墅遗址的是一名叫作卢卡·莫里的47岁意大利男子，他的工作是电脑程序设计师。

卢卡·莫里的家就住在意大利帕尔马附近的索波洛。有一天，他登录了"GOOGLE 地球"网站，并在上面找到了波洛地区的卫星照片，卢卡·莫里在卫星照片上找到了自己家庭所在的位置，但他无意中却发现，就在他家位置的附近居然有一片呈现出椭圆形的阴影，这块阴影大约有457米长，附近还伴随着一些形状不规则的长方形阴影。

卢卡·莫里对自己的发现很惊喜，他感觉这可能是一个大发现，于是便将这一发现告诉了意大利国家考古博物

知识小链接

古罗马是指公元前9世纪初在意大利半岛中部兴起的一个古老文明，古罗马历经了罗马王执政时期和罗马共和国时期，于1世纪前后扩张成为横跨欧、亚、非三大洲的称霸地中海的庞大帝国。直至395年，罗马帝国分裂为东西两部分。476年西罗马帝国灭亡。1453年东罗马帝国也被奥斯曼土耳其帝国所灭。

❖ 古罗马别墅遗址

馆的考古学家。

卢卡·莫里在卫星照片上发现的阴影位于一片农地上，考古学家在这里找到了一些陶土的碎片。开始的时候，考古学家们认为这可能是一个属于铜器时代的遗址，但在针对挖掘出的陶片做了检测后却发现，这个遗址应该建造于1世纪古罗马奥古斯都大帝时期，其中不规则的长方形阴影，大概是别墅的主体建筑，而椭圆形的阴影区域则是一条古河道。这个推测在后来得到了证实。有相关的历史记录显示，这里曾经确实建造过一座古罗马别墅。

❖ 古罗马别墅遗址

古罗马别墅遗迹的发现者卢卡·莫里觉得自己的网上考古发现对于网络的正面宣传作用很大，但是考古学家们却持有不同看法，他们担心普通人通过卫星照片发现古代遗迹后，会胡乱发掘，由此造成对古迹的破坏。不过意大利作为一个历史悠久、并存在众多古迹的国家，早就针对考古挖掘活动做出了有针对性的严格规定。

❖ 古罗马别墅遗址

规定表示：任何考古挖掘工作都必须要取得当地政府的许可才能进行。

Part3 第三章

神秘的巴人古堡

史书记载，巴人被楚人打败后便远遁而去，他们有的凿穴而居，有的修建古堡防御敌人，那么，史书的记载确有其事吗？

一个偶然的机会，考古专家在四川省旺苍县东河镇长滩村二社的一处石山绝壁上发现了一个人类曾经居住过的山洞，此后专家在该县化龙乡化龙村附近又找到了一处矗立在悬崖上的古堡。这座古堡建于洞子崖的绝壁之上，长约150多米，高约10米，以崖层为顶，足以为住在此处的人遮挡风雨，当地人都管这处建筑叫"蛮洞堡"。"蛮洞堡"的建筑材料是一种质地坚硬的白绵石，而这些修堡用的石条最大的竟然重达两吨，就是小的也有一吨重，没人知道它们到底是怎样被搬上悬崖峭壁的。要知道，古堡地处绝壁，想进入古堡十分困难，孤身走上去尚且不易，何况还要抬着沉重的巨石，真是令人百思不得其解。

进入古堡前必须先走过一条狭窄的

> **知识小链接**
>
> 巴人，不管是从它的内涵还是外延来看，都是一个非常复杂的概念。学术界关于巴人的起源问题一直都存在着不小的争议。在古代，大致是将以重庆为中心，东至湖北西部，南至黔中和湘西，西至四川东部，北至陕南的地区，统称为巴国。而巴人，可以泛指那些生长在巴国及其属地的所有人，也包括从巴迁徙至别地的人。

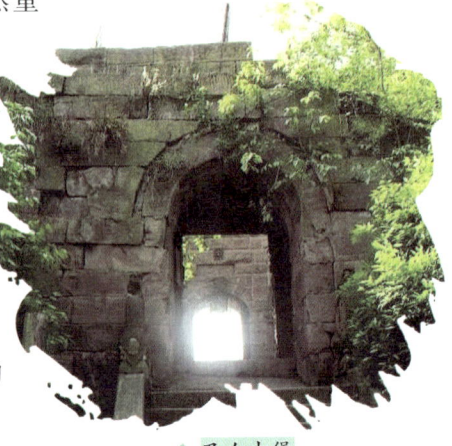

❖ 巴人古堡

石缝，石缝窄得仅容一人可过，真有"一夫当关，万夫莫开"之势。穿过石缝，才会来到洞门前，通过洞门后，就能看到一道仅可供一人站脚的小凹穴，借着凹穴垫脚可再向上攀爬五米高的石壁，这样才能进入堡内。

在古堡门口，人们能看到有三幅笔触粗犷的壁画，一幅壁画上绘制的是马的图案，另两幅壁画中画的是口含莲花的鹿。

古堡内分三个厅，等级分明，每个厅内都有一个一米左右的台阶。前厅大概是为护兵和普通人准备的，中厅应该是部族首领议事的地方，凿出了"窗户"，还安排了火塘、神龛和石台，前厅和中厅之间有一道宽约2米、长约10米的过道相连。中厅和后厅被分隔开来，成为前后的套间，应该是为部族首领准备的卧室。

这个古堡所在的地势十分险要，易守难攻，可见在修筑时是更加注重其防御性的，而门上的马和鹿等壁画，又包含着出入平安之意。门口石壁上有守卫居住在其中，如果有敌人来袭，他就会敲击石壁发出隆隆的声响，以此作为警讯，这种隆隆的警讯声会经岩壁传导，变为重叠的回声，让堡内的族人做好迎敌的准备。

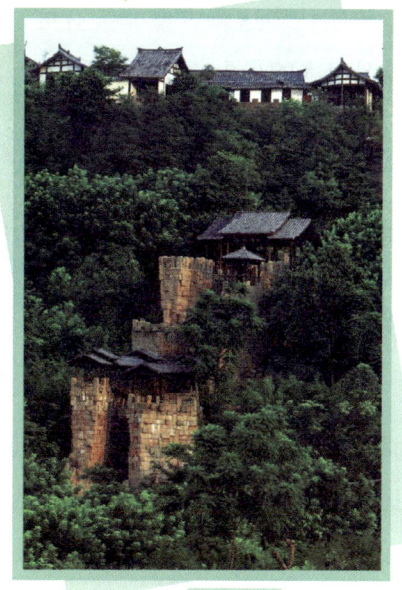

❖ 巴人古堡

那么这座古堡会不会就是巴人所修建的呢？

考古学家只在旺苍县的历史文献《化龙乡志》中找到了关于"蛮洞堡"的记载，可其中没有提到巴人，但考古学家通过分

中外考古大揭秘

析，依然认为这座古堡非常有可能就是巴人的祖先所修建的。

当年巴人的先祖被楚人击败，不得不从楚地千里逃亡到这里繁衍生息，他们还带来了中原的先进冶炼技术，并以此为凭借修建了这座壮观的巴人古堡。

如果这个判断真的可以成立的话，那么我们不得不说，这真是我国历史上一次最早的西部开发活动。但是，巴人的祖先们既然创造了如此伟大的建筑，却为什么没有留下关于巴人的任何记录呢？这些谜团一定会在更多的遗迹被发现后一一解开。

❖ 巴人古堡

Part3 第三章

诸葛村与神奇的八阵图

诸葛亮在历史演义中犹如神人一般，据说正是他发明了鬼神莫测的八阵图，那么如今的诸葛村又与这八阵图有着怎样的联系呢？

在浙江兰溪有一个小小的村落，这个村落本没有什么稀奇，但它却引起了世人的关注，只因为这个小小的村落与大名鼎鼎的诸葛亮之间有着千丝万缕的联系。这个村落就是诸葛村，在村中最大的那间祠堂里，供奉的正是三国时期有名的诸葛亮。

要说起浙江兰溪诸葛氏的来历，那可就久远了。在他们的家谱中记载，诸葛氏这一支乃是汉初诸县诸葛婴之后。相传诸葛亮的孙子诸葛京做过晋朝的官员，而后诸葛亮的第15代孙诸葛利还担任过寿昌县的县令，他也使诸葛一脉在浙江扎了根。最后，诸葛利之子诸葛青又举家迁到了兰溪。

诸葛氏在兰溪的这一脉也很风光，传言在1439年，天有大灾，村中的一位富户诸葛彦祥慷慨解囊，捐谷一万多石用来赈灾，他还因此而受到了明英宗的奖励，获得了御赐的"敕旌尚义之门"金匾。

诸葛村建于宋末元初之时，创始人名叫诸葛大狮。那么，鼎鼎大名的诸

▽ 诸葛村

第三章 古城之传说

101

中外考古大揭秘

葛亮的后人又为什么要避世在这么一个小山村里，而且一住就是七八百年呢？我们在诸葛氏的宗谱中或许可以找到答案。

诸葛村的创始人诸葛大狮在700多年前曾经给他的子孙后代留有遗训："吾一生精力，尽在阴阳二宅，去后或有灾咎，慎勿疑。"这句话的意思倒不难理解，意思是说，在诸葛大狮死后这座宅子或有凶灾，但子孙无论如何也不能将宅子变动。

果然，在诸葛大狮死后，他的两个孙子瑞二公和瑞三公都因获罪而被充军发配了，于是诸葛氏族人便怀疑这里风水不好，但碍于诸葛大狮的遗愿，诸葛族人并没有迁出诸葛村。

诸葛村在此后的数百年间历经劫难，虽然风雨飘摇，却依然存在，并且生活日渐富足，人才辈出。

诸葛大狮的遗训让人产生了很多联想，难道这座小小的村子拥有什么秘密吗？于是考古学家对村子进行了仔细地观察，他们越看越

◆ 诸葛村

> **知识小链接**
>
> 诸葛亮，字孔明，号卧龙，琅琊阳都人，是三国时期蜀国著名的丞相，杰出的政治家、军事家、文学家和发明家。诸葛亮辅佐刘备建功立业，后被封为武乡侯，死后追谥为忠武侯。东晋时期，当朝十分推崇诸葛亮的军事才能，又追封其为武兴王。诸葛亮一生匡扶蜀汉政权，为其鞠躬尽瘁、死而后已，这也成为了后世忠臣的榜样。

觉得这个村落的布局十分奇特。

据诸葛氏宗谱记载,诸葛村在明清之时就已有了高隆八景、十八座厅堂、十八口塘、十八口井以及八条主巷,另有纵横交错的窄巷遍布其间,村里的祠堂和民房也大都于明清时期所建。这些建筑结构精良、古朴雅致、雕梁画栋,但其布局却与中国传统风格大相径庭。中国传统村落的布局大都是以中轴线为主,但是诸葛村却是以钟池为中心,呈放射状四散分布,而且诸葛村不像其他普通村落那样是由一户户人家、一间间房子慢慢扩建的,而是一次性垦平建成,自元代建好后,格局就再也没有变动过。虽然此后诸葛村的房子也有过拆建、添建的情况,但诸葛氏族人都不敢违背祖训,没有私自改动原本的布局。

❖ 诸葛村

那么诸葛大狮在临终前为什么要叮嘱他的子孙不得改动祖上的房屋呢?难道是为了风水?或者说这种布局存在着某种奥妙呢?为了寻找到答案,专家们详细地考察了诸葛村,并为其绘制了一张平面图。从图中人们可以清晰地看出,诸葛村以村中央的钟池为中心,钟池一半陆地,一半水塘,从高空俯瞰俨然一个太极阴阳鱼,并且在"鱼眼"的位置上还分别建有两眼古井!村中纵横着大大小小的巷道,巷道中包含了八条主巷,主巷又将村子分成八个区域。而村外的地形也不一般,诸葛村四周环绕着八座小山,而诸葛村就位于八座山中间地势最低处,远看便巧妙地形成了一个外八卦的形状!难道这座村子与诸葛亮的八阵

❖ 诸葛亮

第三章 古城之传说

中外考古大揭秘

图有关吗？

　　三国时期著名的诸葛孔明已经去世了1700多年了，而其后人在来到兰溪定居前，手中还保存着八阵图的手稿。那么这座由诸葛亮的第27代孙诸葛大狮建造于宋末元初的诸葛村，是否也暗含了八阵图的一些原理呢？而如今的诸葛氏族人中是否仍有掌握了八阵图秘密的人呢？八阵图，这个只存在于传说中、早已失传的古阵法还有可能重现世间吗？人们猜测着，等待着，也许某一天奇迹会出现。

❖ 诸葛武侯像木刻

❖ 诸葛村中心池塘

Part3 第三章

多灾多难的海原城

自有人类起，战争便从未停止过，而国之边界又总是最多灾多难的一块土地，因此，宋夏边界上的海原城也躲不过它多舛的命运。

元代之时，宁夏海原一带被称为"海喇都原"，在蒙古语中是"美丽的高原"之意，而"海原"正是"海喇都原"的简称。海原虽然被赋予了一个美丽的名字，但是在它建县231年的历史中，却从未平静过。

海原在春秋战国之时，曾是义渠戎国的领地。秦汉时本归于北地郡管辖，却在汉初被匈奴攻陷。隋大业元年，官府在此地设置他楼县。唐高宗之时又于此设缘州，用以安置归降的突厥部族。唐神龙年间，他楼县被废除，改成了萧关县。唐诗中就有："出得萧关北，儒衣不称身"之句。

此后的海原依旧在战火中漂泊无依。至德年间它被吐蕃抢占，唐大中三年又被中原收复，在此置武州，但长达90多年的战争苦难，依然使它备受屈辱。晚唐诗人顾非熊就曾在他的诗《出塞即事》中感叹地吟道："贺兰山便是戎疆，此去萧关路几荒。无限城池非汉界，几多人物在胡乡。"

宋咸平五年，党项首领李继迁攻占灵州，并同时占领了海原地区，将之变为自己与北宋之间抗衡的前沿阵地。随着西夏国的建立，国主李元昊下令在海原县西安乡境内修筑南牟会城。

元昊荒淫无道，纳儿媳为妃，于天都山宫殿避暑行乐。元丰四年，宋朝派遣五路大军征讨西夏，攻取天都山，焚毁了元昊的行宫，一把火烧了南牟会城。第二

❖ 李元昊

第三章 古城之传说

105

年，西夏皇太后派人重修了南牟会城。元符元年，宋军再至，并在此设西安州。西安州包括了今海原县的西部、西吉县的北部和甘肃省靖远县的东部，州内有"裕边"都仓，还设有驿站，被称为南牟驿。

宋靖康年间，宋金大战，西夏趁机窃取了西安州，后又被金国抢回。皇统六年，金国将西安州等沿边辖地赐予西夏，史书中说西夏疆域南接萧关。这里的萧关说的就是海原县高崖乡上店房村的宋萧关。夏光定六年，金国又再次从西夏手中夺走了西安州。

元朝时，豫王阿剌忒纳失里在海原设置海喇都堡，并实行军屯垦牧。明初，楚王朱桢以此为牧地，置海喇都营，曾有1500名官军在此屯牧。明天顺三年，海原建城，这也是如今海城镇的雏形。

1920年12月16日晚8时6分9秒，不幸再次降临到了无辜的海原城。海原城遭到了我国有史以来最强烈的一次特大地震的袭击，震中就位于海原县西安州至于盐池一带地区。这是一次里氏8.5级大地震，地震发生时，大风狂舞，天际红光乍现，山崩地裂的声音轰然而至，地动山摇中没人能直立行走，城乡霎时被夷为一片瓦砾。仅仅六七分钟的时间，1000多平方千米范围内都遭到了不同程度的破坏，西北50余县更是同时遭难，海原县死亡人数达到了7万人，房屋倒塌2000多间，窑洞2万多眼，牲畜死亡4万多头，可谓损失惨重。

多灾多难的海原城就是在这样一波又一波的劫难中坚强地挺立着，似乎这些磨难只是它城墙上的灰烬、砖石上的划痕，不是意味着痛苦，只代表着沧桑。

> **知识小链接**
>
> 党项族是我国古代北方的一支少数民族，属于西羌族的一支。羌族发源于今天青海省东南部的黄河流域。汉代之时，羌族百姓大量内迁，而此时的党项族还过着极其原始落后的游牧部落生活。他们以部落为单位，以姓氏作为部落的名称，遂形成了史上有名的党项八部，其中又以拓跋部最为强横。此外还有黑党项、雪山党项等部落。

❖ 李元昊

Part3 第三章

寻找蒙古汗国大汗宫遗址

第三章 古城之传说

> 铁木真建立了强盛的蒙古汗国，其领土直达中亚、西亚、东欧，那么蒙古汗国大汗宫到底坐落在哪里呢？

这个疑问不止蒙古国民十分关注，就连世界其他国家的历史爱好者们也非常好奇。于是，蒙古国的考古专家们决定和德国考古专家一起来调查这个谜团。

专家在《马可·波罗游记》中可以查到这样的记载：鞑靼人在遥远时代最早定居在哈拉和林城，这座城周长约5千米。由于没有石头，这个地方的城墙是用坚固的土垒成。有一个规模宏大的堡垒建在城墙附近，里面是一座豪华的住宅，这座住宅应该是当地统治者的居住地。

知识小链接

1206年，蒙古族首领铁木真建立了蒙古汗国，而后其孙忽必烈击败阿里不哥夺得了汗位，蒙古汗国遂演变为四大汗国。1271年忽必烈定国号为"元"，建立了元朝，自此大蒙古国的法统被元朝所继承。除与元朝一直敌对的窝阔台汗国灭亡外，其余三大汗国均变为元朝宗藩，其独立地位也被元朝承认。

《马可·波罗游记》中所说的统治者的居住地是不是就是人们一直在寻找的蒙古汗国大汗宫呢？哈拉和林城又是哪里？

据查，哈拉和林城是800年前由铁木真的第三子窝阔台建立的，曾作为蒙古汗国的政治中心，就坐落在距离蒙古国首府乌兰巴托约380千米的地方，

❖ 成吉思汗雕像

107

中外考古大揭秘

❖ 成吉思汗

而坐落在古城边的额尔德尼召寺距今也有420多年的历史了，是蒙古国最为古老的佛寺之一。据考证，蒙古汗国早在13世纪便已经将藏传佛教确定为了国家级宗教。德国考古专家和蒙古国专家在经过对哈拉和林城两年半的考察后说，他们差不多已经可以确定，蒙古汗国大汗宫遗址就在额尔德尼召寺的院墙之内。这一发现引起了很大的反响。但要得到确定的答案，还需要对哈拉和林城进行一系列更为系统的考古发掘。

蒙古国虽然表示支持考古工作，但为了避免在考证某些古迹时所进行的无序考古发掘，他们决定对大汗宫遗址的考古性发掘工作是否可行，还要由民众来决定。

希望有一天，蒙古汗国大汗宫的遗址可以揭开它神秘的面纱，重新出现在人们的面前。

❖ 窝阔台

第四章
古墓探秘

　　古墓是埋葬历史和传奇的地方，可以说每一座古墓中都埋藏了一段鲜为人知的秘密，古墓中的每一件物品都向人们讲述了一段故事，甚至那些化作骷髅的遗体，都能够让人们看到早已逝去的历史。但古墓却将这些都封存了起来，它犹如一座严丝合缝的城堡，将死者生前的一切都尘封其中，拒绝别人的探寻，也或者它的存在正是为了保存下这些秘密，好让它们能逃过时间的折磨，等待着有人去发现……

中外考古大揭秘

Part4 第四章
印加帝国墓室遗址惊现秘鲁

秘鲁发现了古城马丘比丘,这座举世闻名的伟大城市令人震撼,而现在他们又同样发现了令人惊奇的拉美印加古文明墓室遗迹。

印加人又称印卡人,他们是美洲古代的印第安人。随着印加人生活区域和活动范围不断扩大,在11世纪之时,印加人便以库斯科为都城建立了自己的国家。到15~16世纪初期,美洲古代文明之一的印加帝国就建立了,这在当时极有可能是"新世界"所建立的最大一个帝国。但是此后西班牙殖民者到来了,他们战胜了印加人,毁灭了印加帝国,并将印加人赶离了他们的土地。为了生存,印加人只好纷纷逃往库斯科的比尔卡班巴地区生活,而考古学家们在秘鲁发现的9座墓室,也正是出土于库斯科的南部地区。据考证,它们正是属于拉美印加古文明时期遗迹。从这被发掘出来的9座印加人墓室来看,印加人在比尔卡班巴地区生存过很长一段时间。

> **知识小链接**
>
> 马丘比丘意为"古老的山",也被人们称作"失落的印加城市",它是一座保存完好的前哥伦布时期的印加古迹,也是南美洲最重要的考古发掘中心,更是秘鲁最受欢迎的旅游景点。由于它独特的地理位置和地理特点,马丘比丘已经成为印加帝国最为人所熟悉的标志。1983年,联合国教科文组织正式认定马丘比丘为世界遗产。

◆ 这个银制的盾牌属于瓦里文明时期的一个贵族

令人惊喜的是，在挖掘这9座墓室的过程中，考古学家还找到了一个身穿银制盾牌的印卡贵族遗骸，考古学家将之与1987年在西藩王墓室中挖掘出的一具至少存在3个世纪的保存完整的木乃伊进行了比较，而后将这位身穿银制盾牌的贵族墓室取名为威尔卡墓室。

这次针对于拉美印加古文明墓室的发掘，对考古工作者和历史学家们研究公元700年到1200年间生存于秘鲁安第斯山的瓦里部落文明起到了至关重要的作用，并且这次发现的印卡城堡每年还能为秘鲁国家吸引50万的游客前来参观，真可谓是继马丘比丘之后，秘鲁最重要的发现了。

❖ 印加人

❖ 威尔卡墓室挖掘现场

第四章 古墓探秘

Part4 第四章

乾陵内的国之瑰宝

唐乾陵建于陕西省乾县城北6千米处的梁山上，它是我国唯一一座合葬了两朝帝王的陵寝，其中更是埋藏了无数的国之瑰宝。

提到乾陵，我们就不得不提一下一代女皇武则天了，她的名气不输于历史上任何一位男性帝王，在她死后更是为自己立下了一块"无字碑"，引得世人无限遐想。

有人说，武则天立"无字碑"是为了炫耀自己的功绩已非一块碑文所能赘述；有人说，武则天立"无字碑"是因为其身罪孽深重，无颜为自己树碑立传；还有人说，武则天立"无字碑"是为了留下是非功过，让后人评论。也许这块"无字碑"的谜团只有武则天自己可以解开，但她却早已化作了尘土。

在乾陵还有一个引人关注的地方，那就是蕃臣像。

蕃臣像立于乾陵朱雀门的两侧，原本有61尊，但现仅存60尊。相传这61尊蕃臣像是为参加高宗葬礼的61

❖ 乾陵

知识小链接

武则天是我国历史上唯一一位真正的女皇帝，她登基继位时已经67岁了，享年82岁。武则天本是唐高宗的皇后，后其自立为帝，称帝后上尊号"圣神皇帝"，改国号为"周"，定都洛阳，号之为"神都"，史称"武周"或"南周"。武则天退位后唐中宗恢复唐朝，武则天改称"则天大圣皇后"，死后以李唐皇后的身份入葬乾陵。

❖ 乾陵

名少数民族首领和外国使臣量身定做的，石像都如真人一般大小，惟妙惟肖。

61尊蕃臣像现已损坏严重，所有蕃臣像的头都不见了，还有的断手断脚，甚至坍塌在地。

让人费解的是，为什么这些蕃臣像的头都没了呢？有人说这些头属于文物，价值很高，所以都被偷走了；还有人说是在战火中毁坏了；另有一种说法是，这些外国使臣的后代子孙们不想看到自己的祖先被恭顺地立在一个女人的墓前，所以偷偷地把他们的头都毁掉了。

乾陵内安葬了两位帝王，那么它其中究竟埋藏了多少国之瑰宝呢？

据乾陵《述圣纪》碑中所载，在唐高宗临终前曾留下遗言，要在死后将其生前所喜爱的书籍、字画全部带入皇陵，而武则天深感唐高宗之恩，因此一定会遵照他的遗愿。那么算来，被埋入乾陵的珍宝一定不少，有专家估计，最保守来说，也要有500吨之巨。而人们最为关注的还是国宝《兰亭序》。

史载，《兰亭序》应该是被李世民带进了昭陵，

❖ 武则天无字碑

中外考古大揭秘

枕在了自己的脑袋下边。但五代之时，耀州刺史温韬盗取了昭陵宝物，在其中却没有发现《兰亭序》。以此来看，《兰亭序》极有可能是在乾陵之中。

❖ 乾陵

但乾陵的入口到底在哪里呢？从古至今，无数人上天碧下黄泉都没能找到乾陵地宫的墓道口，可就在 20 世纪 50 年代末，它居然无意中被几位农民发现了。

那是 1958 年冬，乾陵附近村中的农民上梁山炸石，没想到炮声过后，几块石条被轰落下来，那些石条十分规整，上面还有字。当时炸石的农民便想，难道是自己把乾陵炸开了？他们不敢怠慢，马上向县里做了汇报。就这样，乾陵地宫墓道口终于被找到了。所有人都盼着能尽快打开乾陵，让其中的国之瑰宝早日受到世界的瞩目。但国家领导人为了保护古迹，决定在国家考古发掘的技术力量还未提高前先不发掘乾陵。因此，到现在为止，乾陵内的珍宝还无法与世人见面，我们只能期盼着它们出土的那一天早日到来。

Part4 第四章

海底惊现冰河时期古墓

第四章 古墓探秘

无论是灼热的沙漠，还是陡峭的岩壁，都有人类墓穴的存在。如今在深深的海底，人们居然也发现了一座冰河时期的古墓。

让我们将时间推回到2006年，一位德国潜水者无意中游入了一个位于水下约10米处的海底洞穴内，这个洞穴里布满了岩石层，精密幽深，潜水者怀着好奇的心情向洞穴深处又游了500多米。突然，他的眼睛在瞬间睁大了，因为他居然在这里发现了一具古人类的尸骨残骸，于是他马上把这一发现报告给了金塔纳罗奥州的考古人员。

2011年8月底，考古人员将海中岩洞里的古人类骸骨打捞了出来，放入盛满洞穴水的塑料袋中密封保存，这具古人类遗骸被考古研究者们称为"小洞青年"。

"小洞青年"的骨骼有60%还保持得非常完好，而且从他的牙齿没有多少磨损来看，他死时的年龄应该不大，考古

知识小链接

冰河时期又被称为冰川时期，两次冰河时期之间为一个相对温暖时期，称之为间冰期。地球在40多亿年的历史中，曾出现过许多次冰川时期，尤其是在前寒武纪晚期，石炭纪至二叠纪与新生代的冰期都持续了107万~108万年，通常被称为大冰期，大冰期内又有多次大幅度冷暖交替时期，造成冰盖规模的扩展或退缩。

❖ 小洞青年

中外考古大揭秘

人员将他的尸骸封存于一个特制容器中进行风干，而后就能进行扫描制作出三维电脑模型，以便可以用来与其他古代美洲土著人的残骸骨骼进行对比。

"小洞青年"如此年少便已死去，那么他是因何而死的呢？这个原因目前还无法确定，但应该不是被野兽捕获的，从他被发现时那独特的姿势可以推测。他应该是被人为放置在这里的。在这个洞穴里到处都是倒挂于洞顶的圆锥形钟乳石和从地面突出来的石笋，"小洞青年"的头部也挨着一组钟乳石。考古人员还在洞穴内发现了篝火的痕迹，这可能是古人葬礼仪式的一部分，"小洞青年"的亲人或许是希望他可以把这里作为重生之路的起点。

❖ 小洞青年

❖ 小洞青年

其实，在"小洞青年"的骸骨被发现之前，人们就已经在图卢姆小镇附近的海底洞穴里发现了三具古人的尸骸，其中一具被命名为纳哈伦的女人骸骨，年代最为久远，大约已经有12,000年的历史了。至于"小洞青年"的历史时期，这还要经过3~4个月的放射性碳年代测定后才能得知。不过，根据"小洞青年"与"纳哈伦女人"的头骨结构特征，研究人员推断，他们似乎并不是来自于北亚或北美已知的早期移民，而应该属于南亚人或印度尼西亚人的后裔。

这个发现也证实了曾经确有好几批

第四章 古墓探秘

人一路通过连接西伯利亚和阿拉斯加的大陆桥，再经白令海峡来到了北美地区，只不过在随后的地壳变迁中，这架大陆桥已然沉没了。这样的结论很可能会迫使科学界改变以往对美洲早期定居者的固有看法。

那么我们还有最后一个疑问，"小洞青年"和"纳哈伦的女人"的遗骨为何会出现在海中的洞穴里呢？

考古学家针对当时的地质地貌进行了合理的推断，为我们解开了这个疑点。

据判断，在"小洞青年"生存的时期，埋葬他的山洞还在地面上，只不过在一万年前，冰河时期到来，融化的冰雪使海平面上升，以至于将埋葬尸骸的洞穴淹没在了海底。

❖ 在水下沼穴中这些远古人类骨骼非常完好地保存

❖ 德国潜水员在墨西哥独特的水淹砂岩坑沼穴环境中发现1万多年前远古人类骨骼残骸

中外考古大揭秘

Part4 第四章

神秘的三峡悬棺是谁所造？

崖墓悬棺是我国古老的丧葬文化中最为奇特的一种习俗，它的与众不同一直都吸引着人们的视线，人们也一直企图要揭开它的秘密。

据考证，崖墓是我国南方自商周时期就有的丧葬习俗，它一直延续到明清，乃至近代，其主要分布于我国的11个省市之中，范围几乎覆盖了长江以南广大地区。目前可考的最早的崖墓历史，距今已有3000多年了。

考古人员自崖墓棺椁中曾发现过十三弦琴，这种乐器比已知的出现在隋唐时期的历史记载要早了上千年；还有席纺筛纹的"印纹硬陶罐"，这件陶器制作精美，足以代表我国春秋时期陶器工艺的最高水平；还发现了我国最早的斜织机和印花织物，这将我国成熟的纺织机械史提前了500年；另外，在发掘到的一柄木剑的剑鞘内有类似纸纤维的物质出现，如果这真是纸的话，那么中国的造纸术也将向前推近700多年。

崖墓群最为集中的地方就是武夷山

❖ 崖墓

知识小链接

百越族是对我国南方与古越人有关的各个族群的总称。在古代文献中也有"百粤"之称。越族在我国分布甚广，其内部各有种姓，杂居于我国南方。在我国的历史上，曾经整个江南地区，即交趾至会稽的七八千里的土地上，自秦、汉以前，都是百越族的居住地，他们使用古越语交流，与我国北方所使用的上古汉语十分不同。

❖ 龙虎山崖墓

山脉的龙虎山，龙虎山是我国道教文化的发祥地，那里已发现的悬棺就有202座。此后，崖墓一边向西部发展，一边又从东南丘陵向海内外延伸，直至影响到了东亚南部地区。目前，菲律宾、日本、泰国、越南、缅甸、印尼等地都发现了崖墓群，但它们的出现时间都晚于江西鹰潭龙虎山崖墓群。

当时的古人为何会将陡峭的崖壁作为墓葬的地点呢？他们又是如何将巨大的棺木运送至悬崖峭壁上的洞穴之中呢？这一个个疑问都为崖墓悬棺渲染上了一层神秘的色彩，也给考古界出了一道难解的谜题。

其实考古专家们对古代悬棺的放置方法也有着几种设想，比如隧道说、地质说、土堆说等。为了验证各种设想的可能性，一队由中外专家组成的科考队进入了仙水岩、仙人峰和米仓峰等崖墓实地勘测，他们采取了搭建攀登架的方式进入了龙虎山最大的一个悬棺洞穴，并利用绳索将科考队员从山顶送入洞穴。

考察队的这次勘探工作，不仅发现了新的悬棺群，还发现了保存最完整的带有封门板的悬棺，并基本掌握了古悬棺迁徙的路线。

通过对古悬棺的研究，考古学家们已经发现了越来越多的线索，但是有一个问题却始终没有得到解决，仍旧困扰着所有人，那就是龙虎山的这些悬棺的主人到底是谁呢？

毕业于复旦大学生命科学院的闫鹏荣一直都对三峡悬棺充满了好奇，为了寻找答案，他想亲自去感受一下那种神秘的丧葬文化，也许现场

❖ 龙虎山崖墓

第四章 古墓探秘

119

中外考古大揭秘

的体会能够让他找到一个新的探索方向。于是借着一次暑期社会实践的机会，闫鹏荣去了湖北恩施，对悬棺点进行了为期两周的考察活动。

❖ 龙虎山崖墓

古老的悬棺葬于崖洞之中，那苍凉、古朴又神秘的气氛似乎想要向人们诉说一些什么，但只有山风吹过时，崖壁才会发出好似痛哭般的"呜呜"声，却无法告诉人们这里曾经的主人到底是谁。

但闫鹏荣在这里却想到了一个绝妙的主意，也许他可以让那些死去的人自己诉说来历，办法就是使用 DNA 为尸骸测定身份。

想要获得悬棺中尸骸的 DNA，就必须获得一部分古人遗骨，这可不是随便就能得到的东西，但闫鹏荣最终还是在老师的帮助下拿到了 50 个悬棺古人的骨骼样本。但是，对于 DNA 的提取也并不是一件容易的事情，因为长江流域空气湿润，气候多变，导致了古人遗骸中的 DNA 遭到破坏，很难提取。但为了一解心中的谜团，闫鹏荣从没想过放弃。终于，皇天不负苦心人，经过了两个多月的努力后，他终于从 16 个样本中抽取出了两条十分有价值的 DNA 序列。这一收获，给了闫鹏荣

❖ 龙虎山崖墓

120

信心，在此后的近半年时间里，他又对剩余的古人遗骸进行了 DNA 序列的抽取，顺利获得了七组 DNA 序列，这些都对破解"悬棺"之谜起到了至关重要的作用。

寻找到了解开谜底最关键性的基因"钥匙"，闫鹏荣又开始了更为复杂的比对工作。他要通过比对，寻找到和这些 DNA 拥有相似特征的人，以此来破解悬棺主人之谜。

❖ 龙虎山崖墓

这真是一项耗时巨大的工作，闫鹏荣为此翻遍了文献资料，比对了 58 个人群、33 个民族的基因信息。最终他发现，悬棺主人的 DNA 遗传序列与侗台人和南岛人十分近似，而后者正是来源于古百越人。

虽然，古百越人和悬棺的秘密似乎已经有了一些答案，但悬棺的秘密依旧还有很多，要想真正破解其中的奥秘还需要考古专家们继续努力。

❖ 三峡悬棺

第四章 古墓探秘

Part4 第四章

王墓中的黄金饰品

> 公元前2300年前，保加利亚地区便已拥有了十分发达的黄金工业，因此，人们总能在一些远古的墓葬中发掘出大批的黄金制品。

1970年，保加利亚考古学家在黑海沿岸发现了轰动世界的瓦尔纳墓葬，并从中挖掘出了3000件黄金饰品。此后几年，保加利亚的考古工作人员又在索菲亚东部290千米处的色雷斯王陵中发掘出了一顶黄金桂冠、一尊酒器、一枚金币等物品。另外，考古学家在黑海沿岸的杜兰库拉克也挖掘出了142件黄金珠宝。因为保加利亚的考古发现总是伴随着大量黄金的出土，所以，考古学家论证出，保加利亚地区在6700多年前便已经出现了世界上第一批金匠。

继色雷斯王陵被发掘后，保加利亚考古学家又在离其首都129千米的地方发现了一些大型古代皇家墓地。当时正值索菲亚以东的达贝内村发现了青铜时代黄金文化的痕迹，因此引起了考古界的极大关注，于是有考古队进入该村探查。

当时有两名考古队的年轻队员走进了当地一家商店买烟，他们无意中看到了一名佩戴着金项链的当地妇女，这名妇女脖子上的项链看起来很像古物，这引起了两名考古队员的注意。他们好奇地向那名妇女询问项链的来

❖ 色雷斯王陵

> **知识小链接**
>
> 保加利亚共和国是欧洲东南部巴尔干半岛上的一个国家，它与塞尔维亚、马其顿、罗马尼亚、希腊和土耳其接壤，国土面积居世界第103名，人口总数7,974,000。1990年，保加利亚摆脱了奥斯曼帝国的统治，并改国名为保加利亚共和国。1991年保加利亚通过宪法规定，定为议会制国家。

历，那名妇女说，这条项链是她的丈夫在犁地时发现的。

这个消息简直令两名考古队员兴奋不已，于是他们就这样找到了古代遗迹的方位。

考古队在达贝内村附近的一处遗址中发掘出了15,000多件黄金物品，其中有很多的项链和头饰上的金珠。考古专家称，这些墓地的历史大约有4000年，也就是说墓地的主人大约是生活在公元前23世纪，在当时，这些黄金饰品很可能便是作为王权与地位的一种象征。负责达贝内发掘工作的专家马丁·赫里斯托夫博士说，这一考古发现很有可能衔接保加利亚早期铜器时代的黄金制造文化与后来黄金制造十分发达的希腊迈锡尼文明等之间的"断层"。而且，这次发掘，也是巴尔干半岛有史以来第一次发现如此大规模的青铜时代墓地，很有考古研究的价值。

达贝内墓地所出土的黄金饰品数量堪称欧洲之最，它向欧洲以及世界显示了保加利亚地区在欧洲古代社会中作为黄金生产地的重要性和在国际考古上的重要地位。

❖ 色雷斯王陵

第四章 古墓探秘

123

Part4 第四章

无限神秘之始皇陵

千古一帝秦始皇的一生都充满了传奇色彩，被无数人津津乐道。在他死后，他的陵寝也因神秘莫测而引人遐思。

没人知道始皇陵到底有多大，也没人知道始皇陵内到底埋葬了多少奇珍异宝。始皇陵是一座充满了神奇色彩的地下"王国"，而关于这个地下"王国"的谜团有很多。

谜团之一：始皇陵的地宫到底设有几重门？

很多人都想过这个问题，到底始皇陵的地宫会有几重门，这个我们无从知晓，但是通过某些其他发现应该也可以得到一点答案。例如考古学家们对埃及金字塔的探秘发现，金字塔内设有多重石门，那么由此可以看出，同样是作为帝王陵寝的秦陵地宫也绝对不可能只有一重门。

谜团之二：秦皇的地宫到底有多大？

在司马迁的记载中有"穿三泉"的说法，在《汉旧仪》则言"已深已极"，就是说这座秦皇陵已经被挖掘到了不能再深的地步了。

❖ 秦始皇陵兵马俑

不过据最新勘察表明：这座幽深而宏大的地宫应为竖穴式，东西长260米，南北长160米，总面积41,600平方米。其规模等同于5个国际足球场。

谜团之三：《史记》中所载的始皇陵地宫"上具天文"，到底要做何解释？

有考古学家推断，这应该是指秦皇地宫顶部绘有天文图像。

谜团之四：始皇陵地宫内到底是被填满的，还是有空间存在？

相传，负责陵墓修建的李斯曾说："凿之不入，烧之不燃，叩之空空，如下无状。"

如果按这种说法，那么始皇陵地宫应该是中空的，但始皇陵地宫的内部目前还没有考古人员下去过，因此也还得不到确切的答案。

谜团之五：地宫中有没有大量的水银？

《史记》和《汉书》中都有始皇陵以水银为江河大海的记述。地质学专家也对此进行过认真的考证，他们分两次采集了始皇陵的土地样本，经测试，始皇陵的土壤中确实发生了"汞异常"的现象。由此可以得出初步结论，那就是，始皇陵中确实埋藏了大量的汞。

谜团之六：秦始皇的棺椁究竟是木质的还是铜质的？

关于这个问题，司马迁有言曰"下铜而致椁"。如此来说，秦始皇的棺应为铜质。但也有不同的佐证，例如在《史记》和《汉书》中就有记载曰："冶铜锢其内，漆涂其外。""披以珠玉，饰以翡翠"，铜棺可以"漆涂其外"并"饰以翡翠"吗？这恐怕用不着，所以秦始皇的棺椁恐怕应该是木质的。而且，先秦及西汉的棺椁制度以使用"黄肠题凑"的大型木椁为天子特权。秦始皇大概也不能免俗，弃"黄肠题凑"的木椁而不用。

谜团之七：棺椁内的秦始皇遗体还是完好的吗？

> **知识小链接**
>
> "题凑"是一种古代的丧葬仪式，源自于上古之时，汉代时较为多用，汉代以后用得就很少了。
>
> "黄肠题凑"最初见于《汉书·霍光传》，是指在帝王陵寝椁室四周用柏木堆垒成的一种框形结构，属于汉代礼制，也是一个帝王陵墓的重要组成部分，不过也有个别勋臣贵戚可以使用这种礼制，但是需要朝廷特赐。

秦始皇陵兵马俑

第四章 古墓探秘

因为长沙马王堆汉墓中就曾经出土过一具尸骨保存十分完好的女尸，这一发现实在令人振奋，人们可以由此推测，古人对尸体保存也许有行之有效的方法，那么作为千古帝王的秦始皇，他的遗体也十分可能被完好地保存了下来。

❖ 秦始皇陵兵马俑

谜团之八：始皇陵墓内是否有传说中的防盗装置？

秦始皇帝陵内的陪葬肯定令无数人垂涎，因此在建造帝陵的时候，其防盗措施肯定也是煞费苦心。《史记》中记载曰：秦陵地宫"令匠作机弩矢，有所穿进者辄射之"。这就是说，始皇陵内有一套自动发射的暗弩用作防盗之用，那可算是我国最早的自动化武器了，不可谓不先进啊。

谜团之九：秦始皇死后，究竟将多少珍宝带入了地下陵寝？

❖ 秦始皇

大学者刘向曾对始皇陵内的陪葬发出过这样的感叹："自古至今，葬未有如始皇者也。"《史记》中说有"金雁""翡翠""珠玉"等，而司马迁则以一言蔽之曰："奇器珍怪徙藏满之。"这些描述是不是很震撼人心呢？实在令人生出无限遐想啊。

始皇陵寝深不可测，其中谜团更是数不胜数，我们只能期待考古研究工作的发展，能够让人们尽早打开秦陵地宫的大门了。

Part4 第四章

女尸缘何千年不腐

第四章 古墓探秘

> 古人期盼长生不老，抑或尸身不腐，可以羽化升仙。虽然升仙者无人得见，但是长沙马王堆出土的女尸却是真的千年不腐。

20世纪70年代，长沙马王堆出土了震惊世界的不腐女尸辛追，她出土时的神态是那样安详，仿佛只是在做一场千年大梦，随时都可能睁开她的眼睛。两千多年的漫长岁月，好像对她没有任何影响。

为了保护好这具"奇迹"般的尸体，科研人员模拟了古尸出土的环境，对她进行保存，如今用手去碰触尸身的皮肤，还依然能感受到其弹性。

知识小链接

辛追死于公元前186年，终年50岁，她生前是长沙国丞相利苍的妻子。1972年，辛追出土于长沙马王堆一号墓，出土时便令在场所有人震惊不已，她的形体保存十分完整，皮肤润泽，毛发尚存，部分关节居然还能活动，就犹如刚刚死去一般。辛追也是目前世界上保存最好的一具湿尸。

那么她到底是如何躲过了岁月的刀斧？如果古人真的有可使尸身不腐的能力，为什么那些比辛追地位更高的人却没能得以享用这一特权？

考古专家将注意力放到了那些注满棺材的红色奇怪液体上，经过一系列的研究，科学家发现，这种红色的液体很可能是一种防腐药剂。这些药剂的成分十分复杂，其中已经检测出了许多

❖ 马王堆汉墓中的不腐女尸

127

中外考古大揭秘

中药的成分,还包括有水银和含有砷和汞的朱砂,这些成分使药剂变成了红色,并起到了杀菌的作用,以防止尸体腐烂。但这样的药剂应该只是由于偶然因素形成的,因此没有被古人大范围应用。

在我国古代,人们还经常通过炼丹术来追求长生,所以专家猜测,辛追生前可能也经常服食丹药,而丹药本身就含有汞等有毒物质,长期服用会危害人的生命健康。但也许正是因为如此,丹药中的有毒物质也在死者死后起到了杀菌的作用,让她尸身不腐。

❖ 辛追原貌复原蜡像

除此之外,在被挖掘之前,马王堆墓从没被盗过,而且埋葬尸体的环境十分干燥,密封性好,最大限度地隔绝了外界空气中细菌对尸身的破坏。

正是有了这种种的有利条件,才最终使辛追的尸体奇迹般地保存下来,也带给了两千年后的我们以如此巨大的惊喜。

❖ 马王堆汉墓 3 号墓坑

Part4 第四章

谜一样的无名汉墓群

谜一般的兵沟墓群，那里没有过什么举世瞩目的大发现，只有一座座无名的坟茔，但它的种种谜团依然吸引着我们去探索。

兵沟墓群分布在一片开阔地上，那片土地十分奇特，黄河两岸，一边是沃野千里，一边是高沙土岗，而一条几十米宽、20多米深、20多千米长的"兵沟大峡谷"一路蜿蜒曲折地将平地、戈壁和黄河串联了起来，一直延伸至沙漠。几千年的风沙吹过那片土地，也将土地上无数的古墓吹成了大大小小的土堆，有的甚至显露出了深埋的棺木，让人触目惊心。

《史记》中对这块土地有些许的叙述，早在秦朝之时，秦朝大将蒙恬就曾在这里屯兵，欲为始皇北征匈奴，据说他就是在兵沟大峡谷藏兵的。西汉之时，这里被称为"浑怀障"，大将卫青在此地特设都尉屯兵把守，悉心经营。唐初之时，这里也被作为关塞使用。北宋之时，宋与西夏曾在此地交锋。因此，在这块兵家征战之地出现了如此多的古墓，其实并不稀奇。但如果我们细细研究这些历经风雨的墓葬，便会发现很多会让人感到惊讶的东西和一个个让人困惑不解的谜。

专家们发掘了几座古墓，从墓中出土的文物来分析，这里应该是一片西汉的古墓群，距今已有2000多年的历史了，其中埋葬的应该就是在此地死去的官

❖ 兵沟墓群

中外考古大揭秘

吏和武将。

专家想从历史书籍中寻找这些墓葬的来源，但目前我们想要了解中国古代历史，主要还是靠《二十四史》，但这部史书描写得不甚详细，很多史实都没有被记述其中，

❖ 兵沟墓群

对兵沟大峡谷的大片古墓群也没有记载，实在令人遗憾。因此专家只能寄希望于能从墓葬中寻找到蛛丝马迹，以证实墓主人的身份，可出乎所有人的意料，从目前已被发掘出来的几座墓葬来看，人们都没有在其中找到墓主人的名字，即使其中有的葬制规格很高，也依然没有名姓可寻。

例如现在已经开放供人参观的二号墓，墓主人是一男一女，其主墓室面积大约有七八平方米，采用上好的楠木搭建而成，要知道，当时的楠木十分珍贵，需要花上一两年的时间才能从遥远的南方运来。那么，显然这座墓中的人一定拥有很高的地位，但即使如此，他们依然没有留下姓名供人们查询。专家只能依据墓葬的样式和其中发掘的陪葬品，推断墓主人应该是西汉的一位高级武官。

兵沟汉墓依然开放和对外展出的还有另外三个墓葬，这几个墓葬都有各自的规格和陪葬品，其中在二号墓和三号墓中，考古人员还分别发现了一些令人惊讶的东西。

在二号墓中，考古人员发现了墓中的女尸颌骨上竟然长出了一根长约17厘米的骨刺，形状宛如一只小犄角。这根骨刺是生于死者生前，还是在她死后出现的呢？这个很难考证，不过古人大多

知识小链接

蒙恬祖籍在山东省蒙阴县，其"蒙"姓正是来源于蒙山。蒙恬出身于名将世家，其祖父蒙骜更是秦国名将，蒙恬自小深受家庭环境的影响，立志要领兵打仗，冲锋陷阵，报效国家。公元前221年，蒙恬被封为秦国将领，跟随王贲率军南下攻打齐国，此战蒙恬表现出众，战功卓著，于是被秦王封为内史，自此成为秦始皇的心腹爱将。

迷信，相信一个长相怪异的女人，是不可能嫁给一名高级武将的。

在三号墓室里，考古人员也发现了一些很有价值的文物。

❖ 兵沟墓群出土文物

奇怪的弩机：你能想象吗？这个被发掘出来的古代弩机居然类似一把手枪，它前面是伸出的发射轨道，后面是把手和扳机，它的弩机是用青铜制作的，13厘米长，10厘米高，可连发五枚镞头。发射时，只要将镞头装入轨道，然后扣动扳机即可射出，要是将镞头换成子弹，那么就真的和手枪一样了。据称，这样的武器在战国时就已经有了，可用于进攻和防御。

黄色彩釉瓷瓶：据史书记载，我国的彩釉是从唐代开始的，至宋、明时期发展到顶峰。可汉墓中发现的这件彩釉文物，高50厘米左右，大肚小嘴，通体光滑，工艺水平已经比较成熟了。同它一起被发掘出来的还有一件涂釉的珠链手镯和4件青釉博山炉，其做工都十分精细，彩釉之上的光泽依然很好。这些彩釉文物，比我国已知的彩釉作品年代早了1000多年，完全改写了我国的彩釉历史。很显然，这说明我国早在西汉，甚至更早的时期，就已经掌握了彩釉技术。

❖ 兵沟墓群出土文物

对于兵沟汉墓的考古工作还有很多，需要专家慢慢去发掘，也许有一天我们会知道那些无名的墓室中到底安葬了哪些人物，他们又为何会被葬在那里。

中外考古大揭秘

Part4 第四章

第一具走出埃及的木乃伊

众所周知，木乃伊是埃及的特产，人们还没在埃及以外的地方发现过它。但不久前，在巴基斯坦卡拉奇发现的木乃伊却颠覆了这一结论。

这具木乃伊静静地在巴基斯坦俾路支省哈朗村庄一户人家的地下沉睡了100多年，如果不是一场地震的到来，它势必还将继续沉睡下去。可地震将那户人家的房子震塌了，在重修房子的过程中，这家的主人便意外地发现了存放着木乃伊的棺木。

从家中挖出了一具尸体，这本不是什么好事，但木乃伊有着极高的市场价值，可谓是个宝贝，于是这家人便四处联系文物贩子，想将木乃伊卖个好价钱。

一个名叫瑞奇的文物贩子为这家人牵线搭桥，联系了一位买主，最终以6000万卢比，约合100万美元的价格做成了交易。

但世事难料，天意弄人，这具木乃伊的新买家还没等带着它离开，就有人向当地的警察举报了他。当时这个举报电话直接打到了警察局的反恐怖组，副组长法鲁克警官听到举报说俾路支省首府奎塔的阿里兄弟处藏有一盘录像带，录像带中出现了一具2600年前的木乃伊，法

❖ 卡拉奇的木乃伊

知识小链接

木乃伊就是一种用人为方法制作的干尸。其实在世界很多国家和地区都有一套自己用防腐香料制作干尸的方法，而这其中又以古埃及的木乃伊最为出名。古埃及人相信人死后灵魂不灭，所以，法老死后，均会被制成木乃伊，以便可以在死后的世界复活，继续自己的统治。

鲁克警官马上将这件事高度重视起来。他传讯了阿里兄弟，两兄弟迫于无奈，只得交代了事情的始末。原来阿里正是那名在瑞奇手中购买了木乃伊的文物贩子，他买到木乃伊后便为它录制了视频，以便用来向客户推销，此时，那具木乃伊还藏在瑞奇的住所。

警方马上采取了行动，他们一方面把这件事报告给了上级，另一方面则向巴基斯坦的内政部申请了调查令。在阿里、阿克巴尔兄弟的带领下，警方直奔瑞奇所住的奎塔地区，并终于找到了木乃伊的棺椁。当棺椁被打开，一具充满了古埃及色彩的木乃伊便出现在了众人眼前。但由于卡拉奇地区的温度太高，又潮湿，加之污染严重，导致木乃伊的肌体上已经开始滋生真菌等微生物，需要妥善维护。

木乃伊大案的破获经由媒体的披露，立刻引起了巴基斯坦人民的极大关注，因为这还是第一具在埃及以外被发现的木乃伊，它的神秘之处不但令百姓们津津乐道，更是让众多历史和考古专家疑惑不解。

在经历了一番专业的科学研究后，专家表示，这具木乃伊的历史距今应有2600年之久，死者死时年仅18岁，考古人员还在木乃伊胸前发现了一块刻有波斯语祭文的金盘。以这些线索为依据，再加上一点大胆的想象，史学家们推测，这具木乃伊应该是一名来自埃及的公主，她的名字叫作"卡姻"，"卡姻"公主后来远嫁波斯，成为古波斯"卡如什"王朝第一任国王卡比尔的儿媳。

因为有了波斯语祭文的圆盘为佐

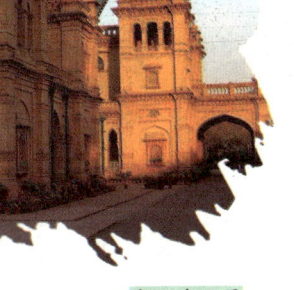

❖ 卡拉奇风景

第四章 古墓探秘

133

中外考古大揭秘

证，这个说法被很多人认可，但也由此引起了伊朗方面的关注。

伊朗的文物部门向巴基斯坦政府致电，称木乃伊的身份既然已经被查明系波斯公主，那么它就是伊朗的国家财富，不论它是如何被带到了巴基斯坦的，巴基斯坦政府都应该将其归还给伊朗政府，否则伊朗方面就要采取相关措施来维护自己的合法权益。

❖ 卡拉奇风景

伊朗文物部门这封措辞严厉的信函，就像捅了个马蜂窝，引起了卡拉奇博物馆馆长的极度不满。她回复说，这具木乃伊也许出自于卡如什王朝的墓中，但也可能一直就葬于巴哈朗地区的古墓之中。虽然她的胸前有一块波斯语祭文的金盘，但也不代表它就是来自伊朗的文物。更何况，伊朗政府至今也从未发表过任何正式的声明，声称木乃伊是该国的国宝。

卡拉奇博物馆馆长的回答将巴伊历史和关于木乃伊的纷争推向了高潮。

❖ 埃及木乃伊

巴基斯坦政府为了平息愈演愈烈的纷争，于是决定请哈桑·达尼教授出面对木乃伊进行一次权威鉴定，以确定它的归属问题。

达尼教授是国际上享有盛誉的历史和考古学大师，他的鉴定结果具有很高的权威性，可以被巴伊双方所接受。达尼教授接受了这个艰巨的任务，他对木乃伊进行了一番认真的鉴定后表示：木乃伊一直以来都被考古界认为是古埃及人独有的创造。古埃及人相信生命可以在死后得以延续，他们通过制作木乃伊的方式使尸身保持完整，期待有一天可以重新复活。迄今为止我都没有听说过在埃及以外的地方有木乃伊的存在，木乃伊本就是埃及文明的一种象征，可这具木乃伊的出现却实在令人难以置信。而要想真正破解这具木乃伊的身世之谜，恐怕还要等破译出金盘上的古波斯语祭文才行，这就需要埃及和伊朗以及相关国家的通力配合了。

❖ 古波斯

达尼教授的最终判定，平息了一场争端，但木乃伊的秘密仍然没有被解开，人们纷纷翘首以盼，等待着木乃伊之谜被破解的那天。

如果有一天，专家真的发现这具木乃伊源自于古波斯，那么这就将改写世界历史和考古学的教义。但不论如何，这具出现在埃及以外的木乃伊，仍旧是考古史上一次意义重大的发现。

Part4 第四章
古罗马角斗士最后的埋骨之处

古罗马角斗士的一生充满了暴力与血腥,他们因战斗而生,也因战斗而死,唯留下一座座孤坟,见证着他们曾经的悲惨命运。

罗马帝国统治时期,斗兽场成为掌权者向人们展示自己权力与地位的平台。约2000年前,他们在伦敦等地大肆兴建斗兽场,为了他们嗜血的欲望而从各地征召角斗士。角斗士从进入斗兽场的那一刻起,其一生的命运便再也离不开血腥与暴力,他们的生存状态就如奴隶一般。在比赛之前,角斗士都是住在单人牢房之中,每日还要接受残酷的搏斗技巧训练,在对决之前,他们要先绕场一周展示自己强健的体魄和过人的胆气,而后战斗就会开始,还有的角斗士则要进入狮虎笼中与猛兽搏斗,其场面血腥残忍,让人不忍目睹。

斗兽场就是一座人间的地狱,角斗士很少有能支撑打完十场比赛的,而能打完全部比赛的人更是凤毛麟角。年轻的角斗士们大都活不过30岁,就在搏斗中死去了。不过其中也会存在极少数的幸运儿,他们在血腥的斗兽场拼杀出了一条生路,并用一场场的胜利为自己换取了自由和荣誉。

> **知识小链接**
>
> 罗马曾历经过数百年的共和体制,但自斯巴达克斯起义后,罗马军人开始执掌政权,最终屋大维成为罗马的独裁者,使罗马步入了帝国时代。罗马疆域的全盛期是在图拉真统治时期,当时的罗马帝国控制了大约590万平方千米的土地,是世界上最大的国家之一。

❖ 古罗马角斗士的雕塑

❖ 古罗马角斗场

到了共和罗马晚期,一个成功角斗士的功绩荣誉甚至堪比罗马军功一般,为了争夺这些功绩和荣誉,一些人自愿走入角斗士的行列。这些人可能是一些生活的失败者,想要在角斗场中以生命博得翻身的机会;也可能是一些投机者,想要以此获得荣誉和地位。他们在比赛的时候为了保存自己并尽快地战胜敌人,往往会瞄准对手的要害发动进攻,以求速战速决。

角斗士的世界是血腥和残酷的,人们只会注视着胜利者,而那些在战斗中的失败者呢?他们死后又会被葬在哪里?

不久前,在英格兰北部约克市附近,考古学家们发现了一处墓葬群,据推断,这个墓葬群大约建于1世纪末至4世纪之间。而这座墓葬群的发现就有可能为我们解开角斗士死后之谜。

墓葬群中发现的全部是男性的遗骨,其中一部分更是尸首分离,起初人们判断这是一场屠杀造成的,或者这些男人遭到了斩

❖ 古罗马竞技场真实角斗对抗模拟图

第四章 古墓探秘

137

中外考古大揭秘

❖ 古罗马角斗场内部

首。约克城考古基金会的专家库尔特·亨特曼描述了一下他们看到的情况：我们是在墓中其他地方发现这些颅骨的，其中多数人是被剑或斧子杀死的，但这里并不是一处"乱葬岗"，因为许多遗骨都是单独埋葬，并具备了一些丧葬礼仪。在14具遗骨的旁边，考古人员还发现了一些陪葬品。其中一个椭圆形的大墓穴更是带给人深刻的印象。这个墓穴内的死者个子很高，大概20岁左右，在他的颈部有多处剑伤，下葬的时间大概在3世纪，在他的陪葬品中至少有4匹马以及一些猪和牛。

考古人员对这些在墓葬群中的发现进行了研究。首先，这些死者都是些身材高大且肌肉发达的男子；其次，这些尸体虽然尸首分离，但具备了一定的丧葬礼仪，并不是被随意埋葬的。据此，考古学家推测，墓穴中被埋葬的很可能就是古罗马帝国统治时期的角斗士遗体。而后，专家们特别针对这些遗体进行了更为细致的研究，果然又发现了更为确切的证据。

专家发现，某些遗骨的双臂存在不对称的现象，而在古罗马的文献记载中，角斗士因为从十几岁开始便要接受武器打斗训练，所以就有可能会导致这样的身体状况出现。而且在某些遗体上还出现了被野兽啃噬的伤口，这些咬痕都是某种大型食肉动物留下的，或许是狮子、老虎，也可能是熊或者其他猛兽，可在2000年前，这一带的人们在路上很少会遭到大型野兽的袭击。但如果看过好莱坞大片《角斗士》的人一定知道，在斗兽场中，角斗士们经常要按照上位者的要求去与凶猛的野兽搏斗，死于猛兽之口的人多如牛毛。另外，从一些死者的头骨伤痕分析，他们生前都是因为头部遭到了铁锤的重击而死的。这一特点与在土耳其以弗所地区发掘出来的角斗士遗骨有相同之处，很多在激战中失败的

❖ 古罗马角斗场

138

角斗士都被刺穿了喉咙而死，不过，也有被斩首而亡的，这大概属于当时古罗马统治者的一种特别嗜好。

以上种种情况都为最初的研究结论提供了最明显的证据，说明这个墓葬群中所埋葬的人很可能就是那些死去的角斗士。

在约克城附近发现的这些角斗士遗骨说明，这一带地区在古罗马统治时期还可能建有一座斗兽场，但这座斗兽场的遗迹至今也没被发现。因此，研究人员目前对这个墓葬群是否真的属于角斗士还保持着一定的怀疑态度。

如果考古学家的这个判断是正确的，那么这个墓葬群就很可能是目前世界上保存最完好的一个角斗士墓葬群。至少在世界的其他地方，人们还没有发现保存程度如此完好的角斗士墓葬。

❖ 古罗马角斗场

❖ 古罗马角斗场内部

第四章 古墓探秘

Part4 第四章

千古芳魂何处觅

> 李煜的一生,能被人津津乐道的除了诗词外,就是与之恩爱相伴的妻子大周后了。那么时光荏苒,这位美女如今芳魂何处呢?

要想寻找大周后的懿陵,我们还要先从另一段考古发现说起。60年前,南京博物院的考古队发现了南唐享殿的方位,只不过当时还没得到确定。现在,人们终于确定了享殿的位置,于是开始了相应的考古挖掘工作。

享殿是皇家用来供奉灵位和祭祀亡灵的大殿,坐落于陵寝中轴线上的"寝宫"之前,是陵宫内最为重要的一个祭祀大殿。在1000多年前,南唐后主李煜就曾在此祭拜他的列祖列宗。

享殿的面积很大,而且道路宽阔,其建造材料都是来自于陵园北墙偏西的一座土窑内。考古人员还在此发掘出了一批精美的古代文物,其中就有各类灰陶板瓦、莲花纹瓦当、脊兽、滴水、罐、鸱吻、白釉瓷碗、筒瓦、褐釉瓷碗、器盖等。

享殿的发现固然令考古工作者们很是激动,但还有另一个意想不到的发现则更令他们兴奋不已。

考古人员在顺陵西侧意外发现了一座竖穴土坑砖室墓,这座墓的墓坑呈南北向,长7.2米,宽5米。但让人深感遗憾的是,这座墓室上有被盗

❖ 大周后画像

> **知识小链接**
>
> 大周后姓周，名"宪"，字"娥皇"。她自小便生得花容月貌，且气质高雅，聪慧异常。周娥皇出身于南唐世家，她的父亲便是追随南唐烈祖左右的元勋功臣周宗。娥皇还具有很高的音乐天赋，能歌善舞，并弹得一手好琵琶，曾为李煜之父李璟的琵琶女，中主李璟对她十分满意，觉得她与自己的儿子李煜很般配，于是就将她赐给了儿子。

过的痕迹。考古专家在盗坑内发现了一些碎瓷片和残砖，根据这些可以断定，这座墓葬应该是属于南唐时期。

判定了这个结论，又让众人眼中一亮，既然这个墓室是南唐之时所建，那它有没有可能就是鼎鼎大名的"千古词帝"李煜和美女大周后的"懿陵"呢？

虽然证据不足，考古人员还无法判断这座墓穴是否就是懿陵，但根据墓葬所在的方位和一些零星的线索，考古人员判断这座不知名的古墓必然与"懿陵"有着密切的关系。

对这座不知名墓室的猜测，使墓主人的身份显得越发敏感，不过专家判断，如果这里真是懿陵的话，那其中也只可能葬有以琵琶相伴的大周后，不可能找到"千古词帝"李煜的棺椁。因为按照史料记载，大周后病逝于乾德

❖ 南唐"第三陵"3号墓考古现场

第四章 古墓探秘

二年十一月，大周后死后，于次年正月被葬于懿陵，谥昭惠。由此可知，懿陵本是李煜的墓地，但因大周后提前故去，所以先被葬于懿陵，而李煜死于宋太宗之手，后被葬于洛阳北邙山之中。

那么专家为何判断大周后墓中会有琵琶相伴呢？

那是因为大周后多才多艺，且精通音律，她心爱的烧槽琵琶便是当年中主李璟所赠。大周后与李煜的感情也很好，她生病时，李煜解衣推食，不离左右。大周后临终前，曾请求李煜将烧槽琵琶给自己陪葬。而且古人的随葬品也大多为生平喜爱之物。就像与大周后同时代的寻阳公主墓中，便发现了一把木雕的曲颈琵琶，既然寻阳公主墓中存有琵琶，那么大周后的墓中很可能会有她心爱的琵琶相伴。如果考古工作者真的能在墓中发现大周后的琵琶，那么便可以解开墓主人的身世之谜了。

考古工作者所发现的这座古墓，对懿陵的探索具有重大意义，假如能够考证出这真是大周后的陵寝，那么不但可以找到那柄因大周后而留名千古的琵琶琴，还能够发掘出更多的历史文物，为人们还原一段真实的历史。

❖ 南唐"第三陵"出土的玉饰件

❖ 南唐后主李煜画像

Part4 第四章

草原上的黄金古墓

第四章 古墓探秘

> 草原上流传着古墓黄金的传说，这个传说令无数盗墓者闻风而动。那么这些古墓中为何会藏有黄金？古墓的主人又是谁呢？

阿尔泰山脉在突厥语中为"金山"之意，即使是在现代，它也依然是黄金的盛产地。由此我们可以想到，在2000多年前，阿尔泰山脉便蕴含着丰富的黄金，而生活在此地的贵族们则喜欢在死后用黄金来陪葬，以彰显自己的财富和权势，因此才有了古墓黄金的传说。

那么又是哪些人修建了黄金古墓呢？一种说法认为，古墓是突厥人修建的，因为他们曾是游牧在新疆以及中亚一代的古老民族，而另一种说法是乌孙人建造了草原古墓，因为《汉书》上曾记载了乌孙的游牧政权，而在历史时间上，突厥人的出现也晚于乌孙人。

历史之谜总是让人争论不休，为了寻找更为确切的证据，考古专家吕恩国带着考古队走进了伊犁，他们在伊犁河谷的

知识小链接

在先秦时期乌孙自号"昆"，是一个古老的西戎部落，操突厥语，春秋战国时代与月氏游牧于河西走廊。首领称为"昆莫"或"昆弥"。公元前2世纪初叶，乌孙与月氏均在今甘肃境内敦煌祁连间游牧，北邻匈奴。乌孙王难兜靡被月氏攻杀，他的儿子猎骄靡刚刚诞生，由匈奴冒顿单于收养成人，后来得以复兴故国。

❖ 突厥人

143

中外考古大揭秘

草原古墓群中发掘出了一座高6.4米，直径6.1米的大墓。

吕恩国带领着自己的考古队员将古墓清理出了一半，可在清理过程中，他们却遗憾地发现，在墓室墙壁上出现了烟熏火燎的痕迹。这种痕迹的出现一般都代表着这座墓曾经有人潜入过，这让考古队员们都有些失望，因为这座大墓很可能又是一座空墓。在以前的考古发掘中，也曾经出现过很多墓穴都有被盗过的痕迹，有的墓穴甚至被一盗再盗，让人惋惜。

❖ 突厥人

虽然希望渺茫，但是考古工作者依然继续忙碌着，当墓室终于被打开的时候，考古工作者们发现在墓室的内壁上也有烟熏火燎的痕迹。这就说明了墓室塌陷的原因，可能正是由于火烧造成的，而纵火烧毁墓室的人很可能就是那些盗墓贼。当他们千辛万苦打开了墓室，可却一无所获的时候，便恼羞成怒地烧毁了墓室。

在这座被火焚烧过的墓室中，考古人员还是获得了一些收获，从他们在墓室中发现的一些铁器来看，这座古墓很可能属于伊塞克后期

❖ 阿尔泰山脉

❖ 伊犁河谷草原

第四章 古墓探秘

的古墓或是乌孙人的早期墓葬。

❖ 突厥人

吕恩国以前曾经到哈萨克斯坦进行过考察,在考察期间他了解到,那里的伊塞克古墓中也没有出土过大量的黄金。而前苏联考古专家则猜测:在草原早期的古墓中,只要还没有被盗的,那么随葬品中一定会出现大量的黄金。而在这些后期的墓室中,虽然其墓室规模很大,但其中的贵重物品却少了很多。这其中会不会有隐穴的存在?

隐穴是伊塞克贵族墓葬的一种防盗措施,早期的墓穴是没有这种防盗措施的,因此经常被盗,由于盗墓活动越来越猖獗,伊塞克人便发明了隐穴。

关于隐穴的猜测在后来得到了证实,在昭苏县波马古墓和伊塞克古墓的隐穴中都出土了黄金。

伊塞克古墓出土的金器十分偶然,是由于洪水的冲刷才使宝藏显露了出

145

中外考古大揭秘

❖ 突厥人

来。而昭苏县波马突厥古墓中出土的金器也同样是由于偶然的因素才出土的，相信以后类似的情形一定还会偶有发生。

在伊犁河谷草原古墓中既发现了史前时期塞族人的墓穴，也发现了年代较近的突厥人的古墓，还有伊塞克和乌孙人留下的石围墓。

此次的发掘考古工作，验证了在北疆那片辽阔的草原上曾有多个草原民族生活过。除了突厥、乌孙，还有月氏和匈奴，这些剽悍的草原民族你来我往，争夺着这片土地的归属权。往往一个民族赶走了另一个民族，如此往复，生生不息。与此同时，草原游牧民族在不停地迁徙中也产生了大量的融合现象，这就让考古工作的难度大大地增加了，而这次的发掘工作也只是揭开了古代新疆文明史的冰山一角。

看来伊犁河谷草原土墓的考古发掘是一个复杂的系统工程，发掘出的古墓数量虽然很大，但新疆北疆地区有数以万计的草原古墓，与这样庞大的古墓数量进行对比，要想在短时间内揭开古墓黄金的秘密，显然是不现实的。

❖ 突厥人

第五章
人类未解之谜

　　自从人类诞生开始，便在与各种各样的"谜"做斗争，太阳为何会悬于高空？火焰为何能焚毁万物？这些"谜"曾令人类无比敬畏，甚至将之赋予鬼神，但正是因为有了这些"谜"的存在，人类才会在破解谜团中不断壮大，成为了万物的主宰。而人类的历史其实也是一部"谜"的创造史，我们的先祖也为我们留下了一个个难解的谜团。

中外考古大揭秘

Part5 第五章

水下考古编年史

历史永远是向前发展的，而当我们审视历史的时候却又不得不向后看，那么今天就让我们从前往后地细数水下考古的历史吧。

埃及和法国考古学家在2000年6月3日宣布，他们在埃及亚历山大港附近，发现了几座被淹没于海底2000多年的古城。古城的遗址中出现了狮身人面像、多尊法老和拜占廷古币等珍贵文物，还有很多没有遭到任何破坏的古代建筑。这些沉没于海底的古城曾在希腊悲剧、神话和游记中经常出现，但此次却证实了它们确实存在。

接下来，让我们将历史倒退回1999年初……

一支探险队指挥着水下机器人，企图在地中海的海底搜寻一艘已经失踪的潜艇。但是机器人的灯光却照亮了海底的宝藏，于是数千个储物的双耳椭圆形陶罐被发现了。随后被发现的还有数个船锚、碗、水罐和一只巨大的金属锅。这艘被发现的古希腊时期的商船，

> **知识小链接**
>
> "南海一号"是一艘我国南宋初期的商船，它通过海上丝绸之路外销瓷器，但因失事而沉没于广东省阳江市的南海海域。1987年它被发现，但由于技术和资金问题而延迟研究。"南海一号"的发现为寻找海上丝绸之路提供了十分难得的参考资料。2011年4月底，完成了对"南海一号"的第二次试发掘，为其整体的发掘工作奠定了基础。

❖ 南海一号出水的德化窑粉

148

在当时可算是一座超级大船了。

时间回溯至 1987 年……

中国历史博物馆水下考古学研究室与中国国家水下考古协调小组陆续成立了，而就是在这一年的 4 月，中国交通部广州救捞局与英国海洋探测公司在我国南海进行勘察作业时，发现了一艘宋代沉船，此船后来被命名为"南海一号"。

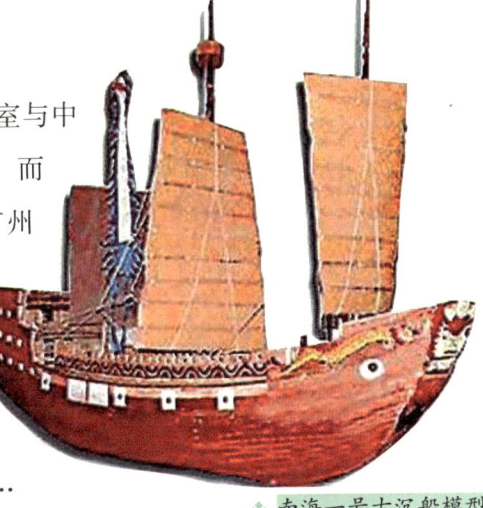

❖ 南海一号古沉船模型

时间退回至 1983 到 1985 年间……

英国一位专事海洋沉宝打捞工作的商人米歇尔·哈恰，在印度尼西亚宾坦岛外约 22 千米的斯特霖威夫司令礁附近打捞出了一艘名为"中国帆船"的古代沉船，共获得 27,000 多件瓷器，这些瓷器为他赚取了巨额的利润。

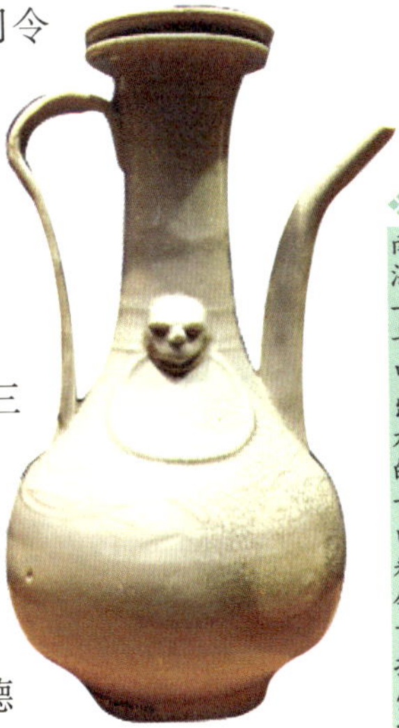

继续后退，时间回到了 1973 年……

澳大利亚人吉米·格林在西澳大利亚海域发掘出了三艘沉船，分别是沉没于 1629 年的巴达维亚号、沉没于 1656 年的费居德·德雷克号和沉没于 1727 年的泽维克号。

❖ 南海一号中出水的青白釉铺首执壶瓷器

让我们将时间再往后，退回到 1968 年……

那时在秘鲁海岸边比米尼岛一带游泳的人们发现了沉没于水下 200 米深处的巨大石头建筑群，不但有街道、码头

❖ 精心建造的巴达维亚号复制品

第五章 人类未解之谜

149

中外考古大揭秘

和坍塌的城墙，还有门洞，并且它们的样式与秘鲁史前遗迹蒂林巨石墙和斯通亨吉石柱非常近似。

时间退到了 1967 至 1917 年间……

都铎王朝的著名战舰"玛丽·露丝"号被一位女考古学家发掘了出来。

那么 1960 年的时候又发生了什么呢……

第一位利用轻潜技术进入水下考古的美国考古学家乔治·巴斯在格里多亚角海域对 7 世纪拜占廷时期的沉船遗址进行了调查和发掘。此后，他出版了权威的《水下考古学》一书。

当时间来到了 1848 年的 8 月 24 日，这真是一个值得纪念的时刻，因为我们终于找到了水下考古之父……

那一天，一个名叫莫尔洛的伯尔尼人潜入到莫尔格斯的冉弗希湖底探寻瑞士湖上居民的遗址，正是他的所作所为开辟了考古学上极为重要的一个新领域——水下考古。

❖ 在弗里曼特尔海事博物馆的残骸

❖ 南海一号的隔舱板

Part5 第五章

谁是最早发明**面条**的人？

面条，是现在人们生活中常见的一种主食。世界上每天都有人在吃面条，却很少有人知道它的由来，到底是谁发明了面条呢？

有人说是中东地区的人最早创造出了面条的做法，然后这种面食又由阿拉伯人传入了意大利。而意大利人则将面条这种食物发扬光大，在欧洲流行，并将它传播到了世界各地。

不过意大利面博物馆的经理人吉尔莫罗却对这种说法并不认同，他认为是意大利人发明了面条，在他的面博物馆里还保存有11世纪时关于面的文献资料。

那么面条到底源于哪里呢？食品专家一直以来都认为，中国才是面条真正的故乡，而意大利则是第一个发明了用酱拌面条这种吃法的国家。

关于面条起源和制作的文字最早见于我国东汉时期的一本书中，它的历史可以追溯到1900年以前。

而就在不久前，考古学家更是在中国的西北部发掘出了一碗拥有4000年

知识小链接

意大利面也被称为意粉，是西餐中最接近中国人饮食习惯的一种食物。关于意大利面条的起源众说纷纭，有的说是由马可·波罗从中国传至欧洲的，有的说是源自于古罗马，难有定论。意大利面以形状多变而著称，除了最为普通的直身粉以外，还有蝴蝶形的、弯管形的、螺丝形的、贝壳形的，不下数百种之多，是一种既美味又有趣的食物。

❖ 面条

第五章 人类未解之谜

中外考古大揭秘

历史的面条。这碗泛着黄色的细长面条是在一次洪水过后无意中被发现的，它们就被装在一只保存尚算完好的陶碗里。也许在4000年前，它们正等着被吞进某个饥肠辘辘的肚子，但一场意外的变故却让它成为了历史的见证，这个证据足以证明中国人才是最早发明面条的人。

❖ 意大利面

这些4000年前的面条十分脆弱，在空气中立刻就会化作粉末，但它也不同于现代亚洲和意大利的面条。这些古老的面条其实是用粟米做成的，大概长50厘米，是意大利面的两倍，而直径却只有3毫米。这说明，我国早在4000年以前，就已经掌握了将磨好的粟米面做成面条的技术了。

由此可见，我国史前面条的历史年代要远远早于其他地区，这更加说明，我国才是面条真正的故乡。

❖ 意大利面

Part5 第五章

500年前的印加少女

第五章 人类未解之谜

一具500年前的干尸引起了无数历史学家、考古学家，以及全世界人的关注，所有看到它的人都会说："看那，她宛若活人一般！"

1999年，一支考古队登上了安第斯山脉海拔约6700米的尤耶亚得火山山顶。他们此行除了登山外，还出人意料地收获了三具神奇的干尸，其中一具干尸是个15岁的印加少女，另外两具是6岁女孩的干尸、7岁男孩的干尸。除此以外，考古学家还在那里发掘出了大量的金银、织物、贝壳装饰物、食物罐子和用羽毛制成的头饰。这些东西都很吸引人，具有很高的考古价值，但那具印加少女的干尸则更加奇特。

少女干尸的肩上披着一块灰色披肩，上面挂着骨和金属的装饰品，她双手放于膝上，头微向前下方低垂，编好的发辫散落于眼前。更为奇特的是，女孩手臂上的绒毛至今仍然清晰可见，就连脸上的皮肤都保存

知识小链接

印加文明发展于南美洲西部、中安第斯山区的著名印第安古文明。它的影响范围很广，包括了北起安卡斯马约河、南到马乌莱河的广大地域。"印加"一词原本的含义为"首领"或"大王"。西班牙殖民者到来后，便以"印加"一词泛指这个国家及其居民。由印加文明发展而成的印加帝国，享有"美洲的罗马"之称。

❖ 500年前的15岁印加少女

153

完好。

也许有人会将印加干尸与埃及的木乃伊混淆，但它们之间其实存在着很大的区别。木乃伊是依靠防腐剂来得以保存的，印加干尸则是靠着极度冷冻来实现不腐。虽然被发现的这具印加女孩干尸因为曾遭电击而受到了轻微的损坏，但检查后却发现，其内脏器官并没有

❖ 干尸是在火山顶上的墓穴里发现的

受到损伤，在她的心脏里甚至还有血液存在，血管一旦被解冻，她仍然会流淌出鲜红的血液。

考古学家也是第一次见到保存如此之好的印加干尸，不由得发出感叹：虽然这具少女干尸的历史已将近 500 年，但她看上去却像刚刚死去才一周的时间。让人看到后会觉得有些惊悚，因为她就像还活着一般。

这具印加少女干尸是迄今为止所发现的保存最完好的印加干尸之一，为了能够更好地保护它，人们将它放进了一个特殊的容器内，这个容器内的空气环境可以模仿干尸发掘地火山顶的气候，并且容器内的温度保持恒定，还有一种特殊气体包围着干尸，可以使它避免腐化。

对于这些已经变为干尸的少女和孩子，人们纷纷猜测他们生前到底遭遇了什么，为何会以那样的姿态，死于那样的地方？

考古学家为此给出了推断：在古代，孩子是纯洁的象征，因此印加人有时会挑选出最出色的孩子，将他们献给神灵，但这种献祭并非是将孩子作为祭祀品供神享用，或安抚神灵，只是希望他们能从此跟随神灵居于天堂。而这次被发现的三具干尸，很可能就是因

❖ 干尸被保存在一个特殊容器内，容器内空气环境模仿干尸发掘地火山顶的气候

为长相俊俏而被选中追随神灵的孩子。

考古学家还依靠猜测复原了当时的情景：500 年前的某一天，牧师和官员们带领着三个孩子从尤耶亚得火山北部约 800 千米处步行出发，前往尤耶亚得火山。为了减轻疲惫和疼痛，他们一路饮用着玉米发酵而成的酒，并咀嚼着可可叶，历时数周才最终到达了寒冷的山顶。其后，牧师在山顶点燃了火堆，开始焚烧带来的祭祀品，而那些孩子则在寒冷中逐渐失去知觉，直到死去。

500 年前宛若熟睡的印加少女

人们为这些死去的孩子们感到悲哀，研究人员于是从干尸中提取了 DNA 样本，一方面可以便于确定死者的准确年龄，另一方面也希望可以借此找到他们还在世的血亲。

经过检验，科学家表示，在安帕托峰山脚下小村庄内居住的一位秘鲁男子或许与死去的 15 岁印加少女有血缘关系。

印加女孩干尸的发现一直受到世人瞩目，但当博物馆表示想要将三具干尸进行公开展出后，却遭到了阿根廷一些土著人协会的抗议。最后，博物馆只展出了 15 岁印加女孩的干尸，而没有展出另外两具干尸。

❖ 和 500 年前宛若熟睡的印加少女一起出土的文物

印加少女干尸的出现，令人在震惊之余也感到了惋惜，人类的先祖为何会产生出那样一种以生命为代价的献祭仪式呢？这还有待于继续考证。

中外考古大揭秘

Part5 第五章

莫高窟——悬崖上的佛窟

石窟，是我国古代建筑中的一个特例，而修建在悬崖上的莫高窟更是一座集绘画、雕刻与建筑艺术于一体的伟大工程。

我国的寺庙大多位于山林之间，尤其是国内那些知名的山川，更是禅寺庙宇的首选之地，至于为何要这样选择，那还是与佛教的教义有关。因为寺院是清修之地，需要"蝉噪林愈静，鸟鸣山更幽"的环境，以便修身养性。所以在选址上，寺庙和石窟都首选山林幽谷这样的地方。

与寺院相比，石窟对地址的选择还有其特殊的要求，既然是石窟，那么必然要依山开凿，因此石窟除了要环境清幽外，还要有可供其开凿的崖壁。为了达到这些苛刻的条件，石窟往往都构建在依山傍水之地，周围奇峰险峻，流水潺潺，景色宜人。敦煌的千佛洞正是选择了这样的一处所在开凿的。

想要在悬崖上开凿石窟，岩石的

> **知识小链接**
>
> 四大名窟：
>
> 莫高窟，也被称为千佛洞，位于甘肃省敦煌鸣沙山，被世人赞誉为"东方艺术明珠"。
>
> 云冈石窟，坐落于山西省大同市，是举世闻名的文化瑰宝与古代文明之结晶。
>
> 龙门石窟，坐落于洛阳南郊的龙门山上。2000年入选了世界文化遗产。
>
> 麦积山石窟，坐落于天水车南，被誉为"东方塑像馆"，因其状如堆积的麦垛而得名。

❖ 莫高窟内部

156

❖ 历史悠久的莫高窟

第五章 人类未解之谜

质地非常重要，在开凿的过程中往往要根据这些岩石的特点，进行不同的加工和处理。

位于戈壁滩的敦煌莫高窟，其所依山岩为砾岩地质，其间夹有砂岩，岩性变化很大，层理交错，下部为钙质胶结，上部为泥质胶结，使砾岩层多呈厚层块状。硬度、大小和密度都不相同，因此，所开凿的洞窟高低不平，使表面处理十分困难。因此，敦煌石窟的加工与造像都借助于泥作，将石窟的开凿与泥塑、彩绘结合在一起，这才有了今日的莫高窟。

石窟的建立除了要顾及地质因素外，还要考虑到宗教、地形以及朝向，而后是交通问题。并且石窟的修建与普通建筑不尽相同，它除了是一个建筑工程外，还是一件伟大的艺术作品。

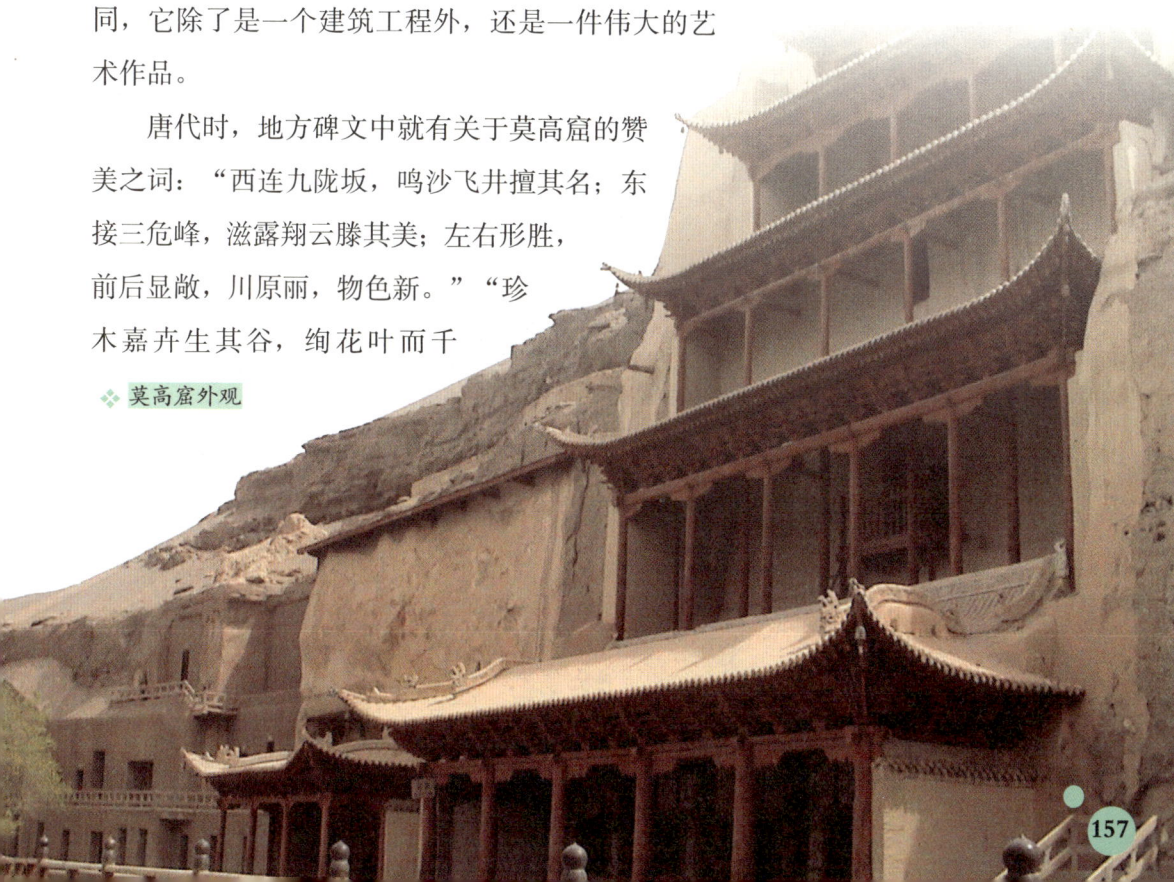

唐代时，地方碑文中就有关于莫高窟的赞美之词："西连九陇坂，鸣沙飞井擅其名；东接三危峰，滋露翔云媵其美；左右形胜，前后显敞，川原丽，物色新。""珍木嘉卉生其谷，绚花叶而千

❖ 莫高窟外观

中外考古大揭秘

光。"这些对莫高窟的赞誉，无不显示了莫高窟选址的重要性。

在距莫高窟 15 千米的南山谷中，有个名叫大泉的地方。那里的泉水汇集成河流经过莫高窟，这条大泉河为莫高窟周围的土地提供了丰沛的水源，使当地水草丰美，土地肥沃，正因为有了这样的有利环境，才使当地百姓丰衣足食，可以年复一年地开凿石窟。随着石窟的不断增多，到了唐代之时，莫高窟便形成了"斯构矗立，雕檐化出，巍峨不让龙宫"；更有那"前流长河，波映重阁。风鸣树道……更澄清净之趣"的壮观景象。

❖ 莫高窟介绍

莫高窟修建在远离敦煌城东南 25 千米的大泉河西，那里的地理气候条件对莫高窟十分有利，既不用经常受风雨的侵袭，又不易在冬季被积雪覆盖，因此，才达到了如唐代《李克让修莫高窟佛龛碑》中所描述的那样："凿为灵龛，上下云矗；构以飞阁，南北霞连。右豁平陆，目极远山……西连九陇，

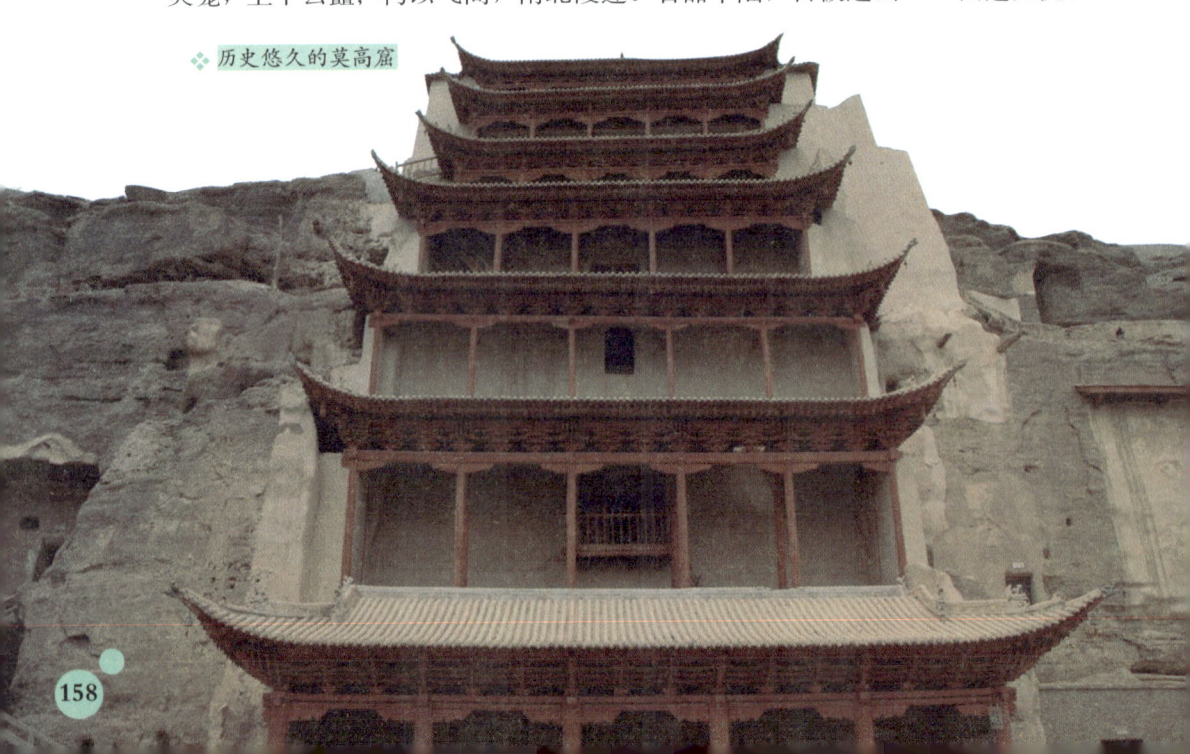

❖ 历史悠久的莫高窟

东接三危，川恒绮错，物产瑰奇。花开德水，鸟弄禅枝。"成为了一处得天独厚的好地方。

　　石窟的选址除了要位于自然山水之间外，往往也要居于交通要道之上。敦煌，自汉武帝开通了"丝绸之路"以后，便被作为了一个重要的交通枢纽，成为了"华戎所交，一都会也"。既然成为了枢纽，那么它自然就会受到来自西域文化的影响，同时也必然会融合中原文化。这样的历史条件，为莫高窟佛窟的兴建起到了推动作用，也由此体现了古代经济发展的巨大能量。

❖ 莫高窟内佛像

❖ 历史悠久的莫高窟

第五章 人类未解之谜

Part5 第五章

凌云大佛探秘

乐山大佛坐落于四川省乐山市南岷江东岸，是世界上最大的一座石雕佛像，因其是依凌云山而凿，所以也被称为凌云大佛。

乐山大佛高71米，只其头部就高达14.7米，宽10米，比号称"世界最高"的阿富汗巴米尔大立佛还要高出整整18米，大佛头与山齐，脚踏江水，山与佛，你中有我，我中有你，可谓气势宏伟，是名副其实的世界最大石刻弥勒佛坐像。

四川境内除了乐山大佛外还有众多石佛造像，有唐代所造的10多米高的祷尼山大佛，有宋代所造的高27米的潼南大佛，有高近10米的阆中大佛，有明代所造的高达5米的白云寺大佛，有清代所造的高23米的石门大佛。然而，这些石佛无论从建造规模、佛像高度和修建年代来说，都远远不及乐山大佛。

乐山大佛修建于唐玄宗开元元年至贞元十九年，前后共用了90年的时间才修建完毕，原本其旁还有一座13层的大佛阁，可惜此阁明末之时被毁，如今只留下了这么一座形单影

知识小链接

弥勒佛：乐山大佛乃是一尊弥勒佛。弥勒菩萨，翻译过来就是"慈氏"之意，其音译为"梅呾利耶"或者"梅怛俪药"。弥勒佛是佛教八大菩萨之一，在大乘佛教经典中又被称为阿逸多菩萨，他是释迦牟尼佛的继任者，也被唯识学派奉为鼻祖，深受中国佛教大师道安和玄奘的推崇。

❖ 乐山大佛的巨脚

只的大石佛。大佛两侧的断崖和登山道上修建有诸多石龛。除此之外，凌云寺右灵宝峰上，现存一座砖塔，塔高13层，造型与西安小雁塔相仿。

大佛建成距今已有1200多年的历史了，至今仍然保存完好。这全靠了设计者的精妙构思与其奇特的建造结构。

乐山大佛拥有十分优秀的排水系统，这对它自身起到了重要的保护作用，排水设施被设计者巧妙地隐藏了起来，却又能发挥作用，使佛像不会被雨水所侵蚀。清代诗人王士祯就有一首咏乐山大佛的诗句，"泉从古佛髻中流"这句描写的就是位于大佛头部的排水系统。在乐山大佛的头部，一共有18层螺髻，其中第4层、第9层、第18层，都各有一条用锤灰垒砌修饰而成的横向排水沟。大佛的衣领和衣纹褶皱处也有排水沟，正胸还有向左侧分解的表水沟，与右臂后侧的水沟相连。大佛两耳背后靠山崖处，有一条长9.15米、宽1.26米、高3.38米的左右相通的洞穴；胸部和背侧也各有一洞，互未凿通，这些巧妙的水沟和洞穴，就形成了一系

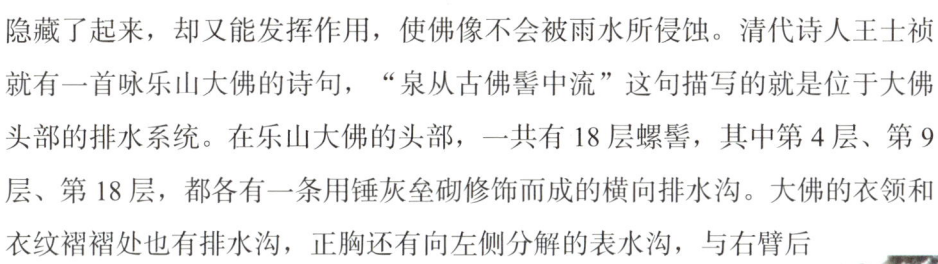

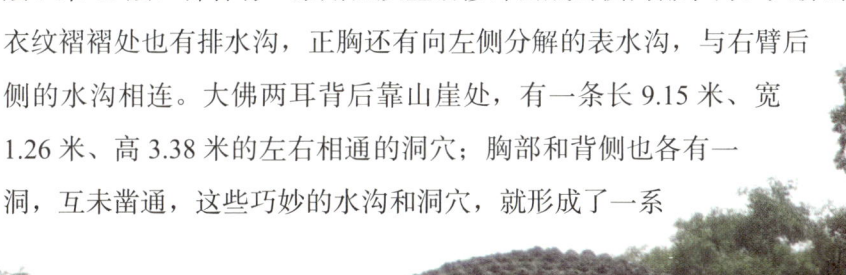

中外考古大揭秘

列精巧的排水、隔湿、通风系统，保护着大佛千百年来不会受到侵蚀和风化。大佛左右互通的两洞，还可汇聚山泉，因此内崖壁上就凝结了一层厚厚的石灰质化合物，而佛身另一侧的崖壁则仍是红砂原岩，相对比较干燥。那左右不通的两洞穴内，孔壁较为湿润，底部容易积水，因此洞口经常有水淌出，使大佛胸部形成了一道约有2米宽的浸水带。

❖ 乐山大佛的巨手

乐山大佛的与众不同之处还在于，它没有采用以往雕塑大佛时所用的立姿或结跏趺坐姿态，而是采用了垂足的坐姿，这使佛像更为稳固。那么海通禅师为什么会将佛像设计成如此的姿态呢？那我们就要来说一说佛像建造的地理位置了。

乐山城郊凌云山前汇集了青衣江、大渡河、岷江三条大河，经常造成交通事故，致使船毁人亡，而海通大师正是打算在此开凿佛像，用以"镇住水妖"，所以他才会把凿佛的地点选在了三江汇合的凌云山。可要使大佛镇住三江水，就需要一个沉稳无比的威严形象，以便起到震慑作用，以此来看，倚坐就比立坐或立姿、趺坐显得更加稳固，气势雄浑，人们不管从哪个角度看，都会觉得它稳如泰山。

❖ 乐山大佛

当然，想要凭借一座佛像来镇住水患，那是不切实际的，大佛之所以可以治理水灾，其真正的原因是海通禅师用凿佛像时的石块填入三江汇聚处的漩涡，以此减弱了水势，这才减少了事故的发生。虽说"凿佛镇水"不过是为了彰显佛法无边，但海通禅师悲天悯人的情怀确令世人为之动容，也正是因为他的一番苦心，才造就了这尊"世界之最"的乐山大佛。

❖ 乐山大佛

❖ 乐山大佛

第五章 人类未解之谜

Part5 第五章

所有的生物终将走向灭绝吗？

没人知道地球上的生命来自何方，是地球孕育而成，或是来自于宇宙尘埃，但所有的生命却都有一个共同的去处，那就是死亡。

横行霸道的恐龙毁灭了，它毁灭的时代离我们是那样的遥远，如果不是通过化石，我们对恐龙会一无所知。在恐龙化石出土不久，恐龙是如何灭绝的这个话题便成了人们讨论的重点。曾经在陆地上不可一世的霸主，在地球上消失的原因引发了人们的种种猜想，如果连这样强大的生物都有灭绝的一天，那么人类又是否能逃脱那宿命的轮回？

在自然界的发展进程中，像恐龙这样遭到灭绝的生物多不胜数。据统计，现在全世界由于缺少适当的环境保护而灭绝的野生动物有794种，而其中最著名的就是渡渡鸟和北美旅鸽。

北美旅鸽灭绝于1914年，它曾经是世界上最常见的一种鸟类。在美国曾生存有50亿只北美旅鸽，但它们都进了人类的肚子。

渡渡鸟，也被称作毛里求斯渡渡鸟，它只存在于印度洋

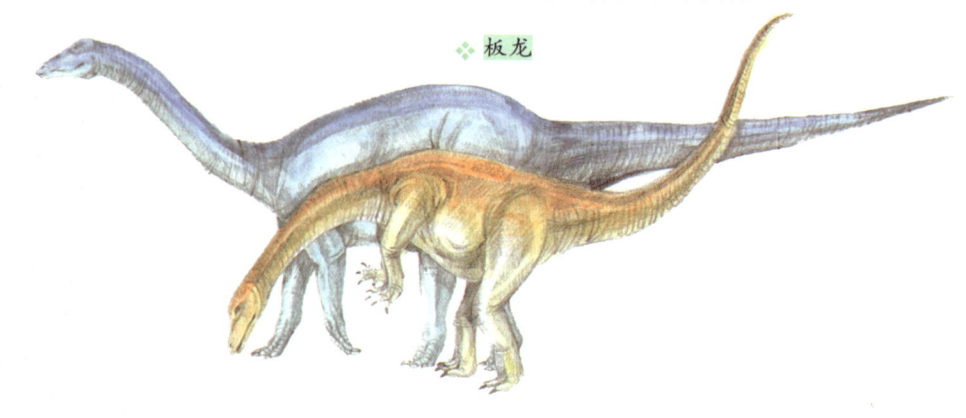

❖ 板龙

毛里求斯岛，是一种不会飞的鸟类。不幸的是，人类发现了它，于是200年后它便在人类的捕杀和活动的影响下彻底消失了。渡渡鸟的消失，堪称是继恐龙之后最著名的已灭绝动物之一。

❖ 渡渡鸟绘图

在过去不长的一段时间里，人类就这样毫不吝惜地将一个个艰难进化了几十万年的生物送上了灭绝的不归路。

好在当人类认识到了自身与自然界的密不可分时，开始将保护野生动物写入了法律条文，各种民间保护组织也相继诞生。或许人类正是在通过这种保护自然界的方式来拯救着自己的命运。

当然，生物的灭绝并不完全是人类造成的。其实自生命出现以来，灭绝就从未停止过，确切地说，在生物进化的过程中，必然会有物种由于优胜劣汰而最终导致灭绝。一些物种会被新的物种所取代，终止它存在的意义。可也正因为有了这样的循环更替，生物的进化才有了前赴后继的动力。

在6亿年前曾有一类生物，它们没有任何骨骼结构，只有柔软的身体，它们既不像我们今天所认识的任何动物，也不似任何植物，它们当时十分悠然自在地生活在地球上，科学家将它们命名为埃迪卡拉生物群。但是随后多细胞动物出现了，它们是埃迪卡拉生物群的天敌，这些拥有更高级形态的生物给软体动物造成了致命的威胁。不久之后，埃迪卡拉生物群就被新生物种所取代了。于是它们也就成为了生命演化发

❖ 剑龙

第五章 人类未解之谜

中外考古大揭秘

❖ 北美旅鸽

展中被淘汰的种群。

这种承先启后的现象成为自然界进化进程中必不可少的程序，同时又可能给自然界造成了很大的影响。一株植物的枯萎，或者一只动物的死亡，有时并不仅仅意味着单个物种的消失，也许它的消失便是整个物种的灭绝。

自从 6 亿年前多细胞生物在地球上诞生以来，地球曾经历过 5 次物种的大灭绝。而每一种代表性生物的灭绝就意味着一个生物时代的结束。如中生代的结束以恐龙、菊石的灭绝为标志。换句话说，恐龙等一大批生物，若是超过 6500 万年前中生代白垩纪这个界限，就再也找不到了，因为它们彻底地灭绝了。

知识小链接

地球上的五次物种灭绝：

第一次发生在四亿四千万年，大约有 85% 的物种灭绝。

第二次发生在约三亿六千五百万年前，海洋生物遭到重创。

第三次发生在距今约两亿五千万年前，有 96% 的物种灭绝。

第四次发生在一亿八千五百万年前，有 80% 的爬行动物灭绝。

第五次发生在六千五百万年前，恐龙灭绝。

Part5 第五章

谁比哥伦布更早绘制了美洲地图？

> 哥伦布是美洲最早的发现者吗？在耶鲁大学的图书馆里有一幅描绘美洲"新大陆"的地图。它的存在让人们对此产生了怀疑。

这张被绘在羊皮纸上的地图，长约3.4米，宽约4.9米，它是在1957年被发现的，图中将欧洲、非洲和远东以西地区描述为"一个非常富饶甚至有葡萄的新大陆"，并将其命名为"Vinland"，意为长满葡萄的地方。而最令人难以置信的是，这张地图还描绘了北美洲的北大西洋海岸。

20世纪60年代，慈善家保罗·梅隆将这份地图赠送给耶鲁大学，此后人们对这张地图的猜测和怀疑之声便没有停止过。因为在此之前从没有人听说过它的存在。

它的制造者是谁？又是何人竟然在哥伦布发现美洲之前就发现了美洲的存在？这些疑问令考古学家百思不得其解。

持肯定态度的学者认为这张地图大约是在1440年绘制的。甚至有人猜测哥伦布正是依靠这张地图才发现了新大陆。

但在这些肯定呼声发出的同时，也有一些人保持着怀疑的态度，怀疑者认为这是一个制作高明的伪造品。此后，两种不同意见又将争论的中心从羊皮地图是否早于哥伦布出现，转移到了地图的绘制年代

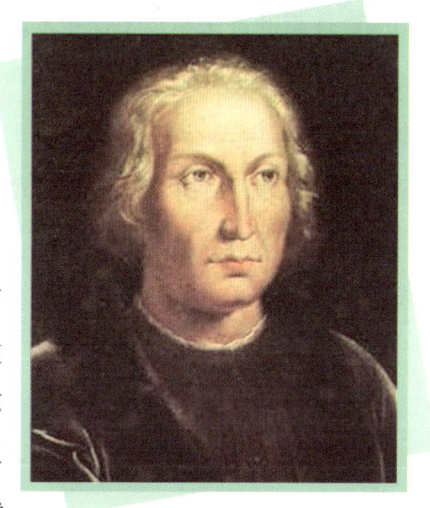

❖ 哥伦布

第五章 人类未解之谜

中外考古大揭秘

上。伦敦学院大学的化学家通过实验证明，绘制地图的墨水中含有黄色锯齿状的锐钛矿晶体，而这种墨水是1923年以后才被生产出来的，直到20世纪才被应用于印刷，以此证明地图是假的。

伦敦皇家地理学会的会员，历史学家柯尔斯顿·A.斯沃尔也找到了一个证据，他发现这张地图中记载的历史年代出现了错误，例如12世纪早期，格陵兰岛的某位主教向教廷提供的报告，这是不可能的，因为当时的格陵兰岛还没有成为教会组织的一部分。他甚至更近一步地怀疑地图的作假者可能就是一个宗教狂热分子。当时德国耶稣会的牧师约瑟夫·费希尔就是一位研究中世纪世界地图的专家，他有可能会因为早期挪威人宣称对美洲的主权和当地人讨厌罗马天主教权威这两点，而在1930年伪造了这张地图，用以戏弄纳粹分子。而后这张地图又在战火中被遗失了，最后才辗转被人发现，并送给了耶鲁大学。

2002年，一位美国退休研究员、化学家也开始关注这个话题，于是他利用碳同位素的方法鉴定了这张地图的年代，结果显示，这张地图绘制于1434年，前后误差不会超过11年。

如果真是如此的话，那么这份地图的绘制者确实比哥伦布更早发现了美洲大陆。

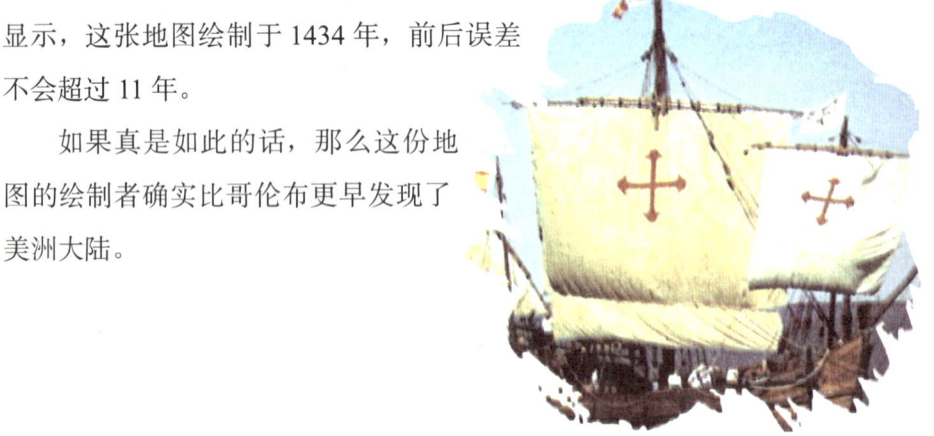

> **知识小链接**
>
> 北美洲与南美洲合称为美洲。从1492年开始，意大利航海家哥伦布在西班牙王室的资助下曾三次西航。当他到达了现在的美洲巴哈马群岛时，却误以为自己来到了印度，于是就把自己发现的岛屿称为西印度群岛，并将当地的土著居民称为印第安人，意为印度人。1776年，美洲诞生了历史上的第一个西方殖民独立国家——美国。

❖ 哥伦布首航航船

Part5 第五章

人类何时迈出了直立行走的第一步？

直立行走解放了人类的双手，双手的解放促进了工具的创造和使用，可以说，直立行走正是我们由猿进化为人的第一步。

那么人类的祖先又是从何时起结束了像猴子一样在林间攀爬的生活，而过上了用双腿直立行走的日子呢？英国《每日邮报》曾说：古代猿人的一小步，却迈开了人类进化史上的一大步！

一直以来，直立行走都被认作是人类出现的标志之一，但究竟怎样人类才算是真正地"站起来"了呢？科学界对此一直众说纷纭。最近，美国科学家又有了新的发现，发现表明，人类的祖先早在300万年前，足部第四跖骨就已经有了足弓的出现。

足弓能在行走时吸收震动力，使行走变得更稳定更轻松。当时的早期人类为了适应地面生活而放弃了第四跖骨爬

知识小链接

人类的进化的四个阶段：

1. 早期猿人阶段：大约生存在300万150万年前，能直立行走，制造简单工具。

2. 晚期猿人阶段：距今大约200万到30万年前，开始使用火。

3. 早期智人（古人）阶段：距今10万到20万年前，逐渐脱离猿的特征，和现代人很接近。

4. 晚期智人（新人）阶段：大约4万到5万年前，形态上已非常像现代人，并出现装饰物。

❖ 南方古猿

第五章 人类未解之谜

中外考古大揭秘

树的优势，开始更为注重在陆地直立行走。而足弓的形成也为人类的直立行走奠定了基础。随后研究人员在埃塞俄比亚的哈达地区，发现了一个完整的第四跖骨的足部骨骼，那是连接脚趾至足底的最长的一节骨骼。这个骨骼化石是属于一只南方古猿的，而在1974年发现的著名的"露西"骨骼也属于南方古猿。

❖ 露西头骨

"露西"生活在距今290万到370万年间，虽然当时的原始人类可以直立行走，但人们却无法判断他们的直立行走是否属于常态。

"露西"的骨骼已经具备了足弓，这一特征在很大程度上改变了它们的生活方式和饮食结构，使它们更大程度上地接近了现代人类。

在此以前，考古专家普遍认为，早期人类最早脱离树居生活，开始在陆地直立行走的时间大约是在7万到180万年间的直立人，但考古证据则明确显示，这一时间还要再向前追溯100万到200万年之间。

❖ 南方古猿

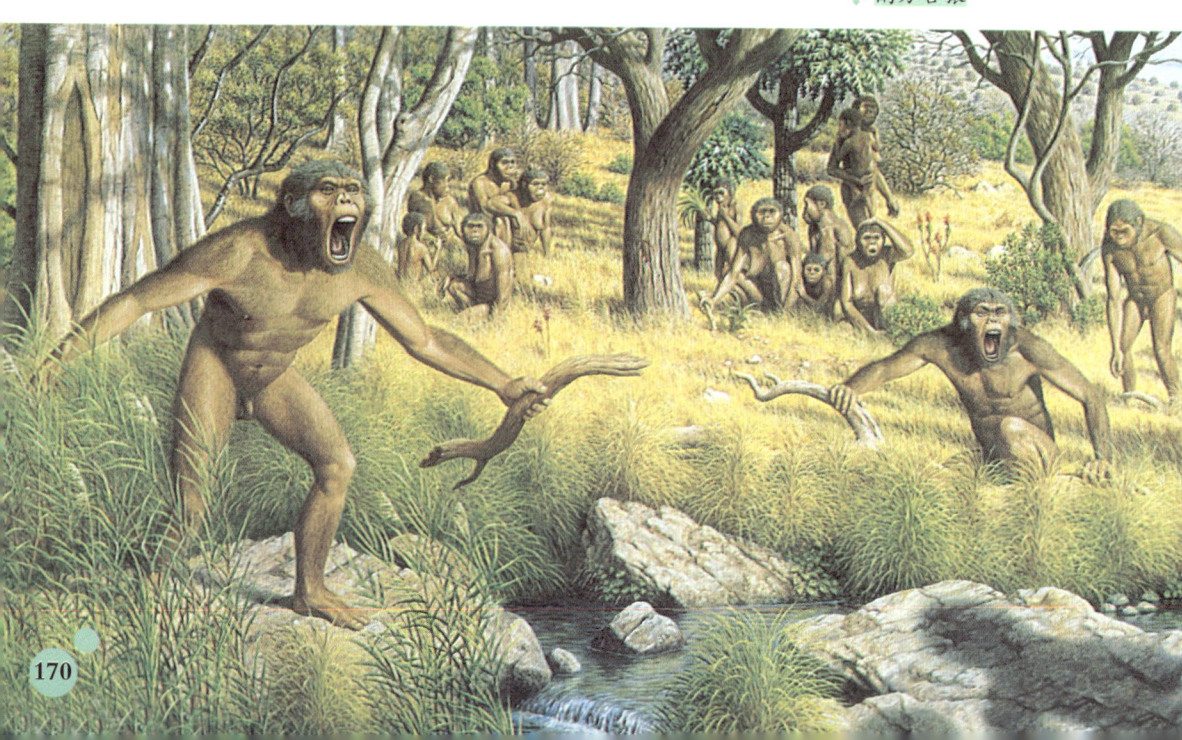

Part5 第五章

撒哈拉——远古之时的绿色天堂

第五章 人类未解之谜

> 撒哈拉沙漠是世界上最大的沙漠，其面积甚至超过了美国。可有谁知道，在约一亿年前，这里却是一片绿色的天堂。

撒哈拉沙漠在遥远的过去也有过茂密的丛林、潺潺的流水和数不清的巨大的史前生物，但如今这些都被茫茫的黄沙所掩盖了。

柏林大学科学家伊伯拉希姆和英国朴次茅斯大学考古学家戴卫·马蒂尔博士带领探险队乘坐陆虎越野车进入撒哈拉沙漠，展开了为期数个月的探险活动，他们的总行程超过8046千米。在这次幸运的探险活动中，他们发现了一条"史前河流"的遗迹，这条"史前河流"在过去一定会像多瑙河一样宽阔，两岸遍布葱郁的森林和星辰般的湖泊。在这条早已经失去了生命力的史前河流附近，科学家们竟然震惊地发现了众多巨兽的遗迹，根据在"史前河流"遗址上发现的一些化石判断，在约1亿年前，在这条河附近生活着很多"史前巨兽"，

知识小链接

撒哈拉沙漠位于阿特拉斯山脉和地中海以南地区，它西起大西洋海岸，东达红海，横贯了非洲大陆的北部，东西长达5600千米，南北宽约1600千米，约占非洲总面积的32%。可以装进整个美国本土，"撒哈拉"这个名称来源于阿拉伯语，其意为"沙漠"。

❖ 撒哈拉沙漠

171

中外考古大揭秘

❖ 史前河流出土的文物

它们体型庞大,有18米长的鳄鱼、至少20米长的食草恐龙、翼展长达6米的翼龙和鳞片宽达五厘米的史前巨鱼!

在"史前河流"的遗址上人们还发现了一个史前翼龙长达40厘米的喙尖、一个罕见的恐龙脚印、一枚锋利的史前锯鳐的牙齿和一些史前巨鳄的残骸,这些史前巨鳄在活着的时候足有两辆双层公交车那么长,实在令人惊讶。

既然曾经生活在这里的动物都拥有着让人惊叹的巨大尺寸,所以科学家们将之称作是"史前巨兽之河"!

在"史前巨兽之河"的遗址上,考古学家欣喜地发现了翼龙和食草恐龙的化石,这些可都是以前从未被发现过的恐龙新品种。史前食草恐龙的肢骨化石比人的腰还要粗,科学家认为这个肢骨化石所属的恐龙,在生存时至少有20米长,不过这块化石也可能是一只近30米长的恐龙的末端腿骨。考古人员新发现的这块恐龙骨骼有很多与众不同的特征,可能和腕龙有关,也可能属于其他恐龙,这还要将它带回去再做进一步地核实。为了能将这根巨大的恐龙肢骨化石带回最近的城镇,考古学家们费了九牛二虎之力,他们用一副担架将这根沉重的恐龙肢骨化石抬上了陆虎越野车。由于恐龙肢骨化石太重,搬运人员的脚全都陷进了沙丘中。但在这一次的探险之旅中,众人能发现这些珍贵的化石,已经是十分幸运的事情了,因为它们很可能代表了一种全新的史前动物种类。

Part5 第五章

长江三峡是人类祖先的发源地？

第五章 人类未解之谜

人们一直认为，距今170万年前的元谋人就是华夏民族最早的祖先，但如今这一说法受到了质疑，因为"巫山人"出现了。

一直以来，历史学家们大都认为人类的祖先来自于东非大裂谷，而后他们由于种种原因迁徙到了世界各地，就连我们中国人的祖先也是在几十万年以前从那里迁移到中国来的。但是龙骨坡巫山古人类研究所所长黄万波和中科院古脊椎动物与古人类研究所的研究人员，在经过了20多年的研究后，发现了一个新的疑点，从而有可能会推翻以前的所有论断。

自1984年以来，黄万波所长和考古工作人员便在长江流域发现了多处人类化石遗址，这些古人类化石的年代为5000到200万年间。如果将这些古人类化石汇集到一起，人们就能发现，在长江流域发现的人类化石占了发现化石总数的86%。而北京人、蓝田人等这些在长江流域以外的地点发现的化

知识小链接

剑齿虎是大型猫科动物在进化中形成的旁支，它生活在中新世至更新世期间。剑齿虎长着一对大大的犬齿，它们的捕猎对象大都是一些大型的食草动物。剑齿虎在早更新世灭绝后逐渐进化为似剑齿虎。在美国洛杉矶市区的拉布里亚农场中曾经发现有2000多只刃齿虎的化石，它们是剑齿虎的亲戚，这让人们对剑齿猫科动物有了进一步的了解。

❖ 龙骨坡遗址发掘出的古动物骨骼化石

173

中外考古大揭秘

❖ 长江三峡

石，其原籍均不在北方，而是由于自然环境的变化和生活范围的扩大迁移而来的。

1985年，黄万波所长等人于重庆龙骨坡考古时，发现了一段人类内侧门齿和左侧下牙床的化石，这些化石经过电子自旋共振法测定，其时间为204万年。通过这些考古发现和研究可以证明，中国人的祖先应该发源自长江三峡地区的重庆巫山龙骨坡地区。从此以后，人类起源的历史便可追溯至204万年以前了。"东亚人起源于长江三峡"的学说，将我国人类的起源时间向前推进了100万年！这项研究成果还使人们重新认识了人类的演化史，证明了早在204万年以前，人类的足迹就已经留在了中华的大地上，而龙骨坡文化更是中国远古历

❖ 从"巫山人"遗址发现的带牙齿的牙床化石

174

史不可缺少的一页。

黄万波所长说，在过去，学术界大都认为"东亚型人"是经过了几十万年的演化，才最终变成"人"的，而后他们又从非洲迁徙到了东亚地区，但是"巫山人"的发现打破了这一论断。那些远古的化石足以证明，早在200万年以前，"猿人"就已经到达了东亚地区，只不过那时"猿人"的人类特征还比较不明显，因此算不上真正意义的"人类"。他们从"猿"转变为"人"的这一过程应该是在中华大地上完成的，这一结论证明了东亚型人和北非型人其实各为古猿的一个分支，他们独立演化，最终成为了现代人类。

"巫山人"打破了人类源自于非洲、而后迁徙的普遍看法，改写了科学界对人类演化史的定论。人类单纯起源于非洲的说法现在已经受到了质疑，而"人类多地起源"的学说得到了进一步的支持。

中外考古大揭秘

Part5 第五章

2008年最受瞩目的考古发现

2008年是令考古工作者们兴奋的一年，在这一年中出现了很多令人兴奋不已的大发现，其中最受人瞩目的有五大发现。

第一大发现，是在英国发现了一座巨石阵遗址。这是一个十分耐人寻味的遗迹，在以前，很多人都将它当作了一堆毫无意义的胡乱摆放的石头群。但是，据研究人员的最新研究成果显示，这里曾经是一块非常重要的墓地，巨石阵是其后在上面建立起来的。人们发掘了巨石阵遗迹，发现其中出土的一些尸体距今已经有5000年的历史了，而巨石阵在此建成之后，更多的古

知识小链接

铁器时代在人类的发展史中占有一个重要的地位。最早的时候，人们所知道的铁都是陨石中的铁，在古埃及，人们将之称为神物。在古时，人们就已经会用这种天然的铁来制作刀刃和饰物了。地球上的天然铁非常罕见，所以铁的冶炼工艺和铁器的制造工艺历经了一个相当长的时期。而当人们在逐渐掌握了冶铁工艺后，铁器时代就到来了。

◆ 巨石阵

代英国人被埋葬于此，这说明这里不仅仅是一块墓地，更有可能是一块属于王室的墓地。

第二大考古发现是关于鞋子的。现代人对鞋子十分熟悉，甚至有人将鞋子看作是一种艺术品，美丽的女士们更是愿意花高价购买那些美丽的鞋，可有谁知道，远古人也是穿鞋的。在我国就发现了一个4万年前的趾骨化石，通过对趾骨化石进行分析，考古学家发现，这些趾骨的脚趾比大多数古人的要瘦，通过这一点就可以说明，这个趾骨的主人并非是光着脚行走的，他应该已经穿上了鞋子。

❖ 巨石阵

第三大考古发现是在西班牙，人们发现了距今110万至120万年间的早期人类颚骨化石。考古学家对这些化石进行了检验，发现它们应该属于直立人，这一发现为解开人类迁徙的谜团提供了一点儿有用的线索。而它的另一重要意义在于，它的发现将直立人到达欧洲的时间提前了50万年。这说明在早期现代人类迁移至欧洲之前，这些早期人类已经在欧洲生活了100多万年。

❖ 巨石阵

第五章 人类未解之谜

中外考古大揭秘

第四大考古发现是北美土著文化中的粪化石,它也是 2008 年考古发现中最奇特、最有趣的一个文物。那是在 2002 年,人们在俄勒冈州的一个洞穴内发现了一堆粪便,科学家对这些粪便遗迹使用了 DNA 的方法进行检查,而后他们惊喜地发现,这堆粪便居然就是人类的粪便化石,它距今已经有 1.4 万年的历史了,这一发现将人类在北美的存在历史提前了 2000 年。

❖ 巨石阵

第五大考古发现是关于灵魂的。芝加哥大学的考古学家发掘出了一块公元前 8 世纪的墓碑,他们在墓碑上发现了题字,上面记述了建造这块墓碑的目的,是为了要纪念一位名叫库特姆瓦的人。根据专家的推断,这个人很可能在当时有着重要的地位,或者是一位重要官员,或者对人们有过重大的贡献,墓碑上的题字看起来好像一个简单的声明。但却体现出了铁器时代人们对来生的一种信仰,它似乎可以用来解释,为什么早期的人类会忌讳火葬,这源于该地区的人们相信身体和灵魂是可以分开的。

Part5 第五章

谜一般的汉代古墓

第五章 人类未解之谜

> 在番禺、南沙一带不断发现汉代墓葬，但奇怪的是，这些墓葬附近却极少发现古代人群居住的遗迹，这实在令人费解。

20世纪90年代，在番禺和南沙地区进行的正式考古发掘工作中出土了众多的墓葬群，它们包括大石墓地、崩沙岗墓地、屏山墓地、沙头墓地、员岗村墓地等。在这些墓葬群中，有一些墓葬数量众多，例如屏山墓地东西长约1千米，南北宽约200多米，其中有汉代砖室古墓15座，分别坐落于屏山山冈之中。比较遗憾的是，这处墓地被发现时有些墓葬已遭到了破坏。另外还有沙头墓地，包含有22座砖室墓，属于南番禺区内发现的一个规模很大的汉代古墓群，它的墓室保存完好。

2003年，考古工作者对小谷围大学城附近进行了为期一年的考古工作，其勘探面积达到了134,600平方米，共发掘出遗迹35处，清理古墓葬140多座，其中绝大部分都是汉墓，而计划在年内完成发掘工作的官洲岛墓葬，也几乎全部都是汉墓。

番禺境内发掘的墓葬从随葬品规格到墓型均不亚于广州发现的同时期的汉代墓葬。屏山古墓虽经历过数次盗掘，但其中仍发掘出了600多块刻有符号、铭文和数字的墓砖，如此大量出土的汉代铭文砖，这在岭南地区尚属首

❖ 屏山石柱地墓地发掘区全景

179

次。其中仅标有"番禺"字样的墓砖就多达四块。在屏山地区的一座古墓中，人们还发掘出了一块标有"番禺都亭长陈诵"字样的墓砖，这说明在东汉中期，市桥台地早已是南海郡东南近海地区的一个重要开拓地了。如果汉代在此地没有较为发达

❖ 四川屏山石柱地墓地出土的文物

的城市和村落的话，那么又怎么会有像陈诵这样的官员埋骨于此？

大石墓地、员岗村墓地、屏山墓地、沙头墓地、官洲岛、大学城等墓地，均分布在今番禺偏北的范围之内。这些墓葬大都有一定的规模，可以看出并非是普通平民的墓葬，而应该是一些家产丰厚之人或地位显赫之人的墓葬。但到目前为止，考古工作者并没有在其中发现遗骸，就连出土的文字线索也少得可怜，因此要了解这些墓葬中墓主在世时的情景还非常困难。而且市桥台地从没发现过东汉以前的历史遗存，而这些墓葬群又在东汉时期突然出现，有的规模还不小，数量众多，这不能不让人感到奇怪。

知识小链接

汉武帝刘彻是汉朝的第五位皇帝，他是一位杰出的政治家和战略家。刘彻7岁时被册封为太子，16岁登基为帝，他建立了中朝，并在地方设刺史。汉武帝开创了察举制，用以选拔人才，颁行"推恩令"，将盐铁和铸币权收归国有，他"罢黜百家，独尊儒术"，并对匈奴作战，基本解除了匈奴对西北边境的威胁，开创了汉武盛世。

从一些文献记载和考古发现中来看，岭南地区在南越国以前的青铜文化发展中心，大都分布在珠江以北的丘陵台地域，如粤北、粤西、粤东等地。自汉代以来，汉武帝平南越后，受到了海上丝绸之路的影响，沿海地区迎来了一个大发展的良机，也许正是因为如此，南沙和番禺一带才会出现如此众多的汉代墓葬。

海上丝绸之路的开辟使楼兰和鄯善

等西域古国兴盛一时。汉武帝时一面要发展海上贸易，一面要平南越，于是"武帝使人入海市琉璃"，使贸易港口的沿海地位更显突出。就是在这样的历史环境下，伴随着战争性的移民、屯兵、屯田，番禺地区的开发速度得到了大大地加快。如今的番禺和南沙都属于古番禺的辖地，又都地处珠江入海口，境内以低丘、冲积平原为主，河道纵横交错，八大珠江河口的其中四个都分布在这一地区，内河、海上交通更是十分便利。加之汉朝大军平定南越之后纵火焚城，使南越国都番禺

❖ 沙头墓葬

城遭到了巨大的损失，在各国间的政治地位不断降低，促进了上升其港口的经济地位。

番禺和南沙一带的汉代墓葬不但是岭南地区地域发展的一个非常重要的标志，墓中发掘出土的大量文物还表明在东汉时期，其上述地区已经在很多方面都大大缩小了与中原地区的差距。例如在水田出土的模型等文物，就可以证明番禺地区的人们在东汉时不仅已经熟练掌握了牛耕技术，并且已经学会了围地造田和平整土地等农耕方法，他们在制陶和养殖方面也有了非常大的进步。

清代的顾祖禹在他的著作《读史方舆纪要》中有这样的记载："汉平南越，改筑番禺县城于郡南六十里，为南海郡治，今龙湾古庙之间是也。"有专家和学者根据这一段记录推断，这些好像凭空出现的汉代墓群可能与"番禺南迁"有关系。

❖ 四川屏山石柱地墓地战国晚期土坑墓

第五章 人类未解之谜

但是也有人提出了不同的论点，因为按照地理位置计算，新的南海郡治应该位于番禺市桥和沙湾之间。可从现在所发现的这些考古资料来看，市桥沙湾一带，乃至珠江后航道以南的番禺地区，从未发现有汉代遗址和东汉早期的古墓葬群，更没有发现过如城市般的建筑遗迹。如果按照古代文献的记载，这个迁建的治所从武帝元鼎六年开始至建安二十二年终结，其间存在了长达328年之久，绝对不会消失得毫无痕迹，总应该有些蛛丝马迹遗存下来才对。因此"南迁说"没有得到确定，只是一个"假说"。

❖ 汉武帝

那么这些墓葬的主人到底是谁呢？这些人从何处而来？又为何要将这里作为自己死后的居所呢？这些问题至今都还是个谜，只能等待着未来能有新的考古证据将之解开了。

❖ 四川屏山石柱地墓地

Part5 第五章

珍贵的冰河时期古化石

第五章 人类未解之谜

> 根据《国家地理》杂志的报道,在美国科罗拉多州的斯诺迈斯村附近,发掘出了大量13万年前冰河时期的珍贵古化石。

古化石是建筑工人们在进行一项水库扩容工程时偶然间发现的,这些古化石有哥伦比亚猛犸象、美洲乳齿象、老虎蜥蜴和地懒,还发掘出了一个冰河时期的野牛头骨化石。考古工作者对这些古生物化石的发现万分惊叹,很多考古工作者在自己以往的发掘中从没有看到过如此独特的发现,更没见过如此独特的化石。这次的发掘工作因为冬季的来临而被迫停止了,科学家们便就目前已经发现的600件化石中的一部分进行了研究分析。

知识小链接

《国家地理》是美国国家地理学会制作的官方杂志,它在国家地理学会创办后便开始发行,现在已经成为了世界上流传最广的杂志之一。《国家地理》杂志的内容为社会、历史和世界各地的风土人情。这也使该杂志成为了很多摄影新闻记者们发布自己照片的地方。在20世纪初,《国家地理》杂志便开始使用当时罕见的彩色照片了。

科学家们发掘出了一只年轻的哥伦比亚猛犸象化石的部分遗骨。这些在科罗拉多发现的乳齿象和猛犸象化石珍宝十分少见,更难得的是它们同时被发现,这种现象在美国地区非常罕见,而在科罗拉多更是只发现了这一例。

乳齿象和猛犸象这两种古代的大象虽然是近亲,但它们之间也有着明显的区别。乳齿象的獠牙比猛犸象小,但是更直,它们以树和灌木为食。猛犸象的体积比现代的大象还要高大,它们以草为食。这两种大象都在约12,800

中外考古大揭秘

年前灭绝了。考古人员对在此地能够发现时间跨度如此长的骨头化石表示惊叹。

这些属于冰河时期的化石，如今都被摆放在丹佛自然与科学博物馆内。这些化石的珍贵之处还在于它们是在高海拔地点被发现的，很多动物、植物和昆虫化石，在上百万年的时间长河中，就那样堆积在那里。它们中不但有大型动物的化石，还有冰河时代的花粉、种子和碳化的树叶以及蜗牛。

❖ 冰河时期以来世界上已知最大的化石坑

相关考古工作人员惊叹，很少能在高海拔地点发现冰河时期的古生物化石。因为高海拔的环境自有其独特性，其中可能会产生不同的进化历程。可惜，因为缺乏更多的化石来佐证这个说法，因此这一推断没有得到证实。这还需要考古学家们寻找到更多的考古证据来加以证明了。

❖ 美国洛杉矶发现冰河时期最大化石坑